"80年代文学研究"系列

20世纪80年代文学名作初刊、初版史研究

郭剑敏 著

浙江工商大学 出版社
ZHEJIANG GONGSHANG UNIVERSITY PRESS
·杭州·

图书在版编目（CIP）数据

20 世纪 80 年代文学名作初刊、初版史研究 / 郭剑敏
著 . -- 杭州：浙江工商大学出版社，2024. 12. -- ISBN
978-7-5178-6338-0

Ⅰ. G239.297.4

中国国家版本馆 CIP 数据核字第 2024G27K64 号

20 世纪 80 年代文学名作初刊、初版史研究

20 SHIJI 80 NIANDAI WENXUE MINGZUO CHUKAN、CHUBANSHI YANJIU

郭剑敏 著

责任编辑	唐 红
责任校对	杨 弋
封面设计	朱嘉怡
责任印制	祝希茜
出版发行	浙江工商大学出版社
	（杭州市教工路 198 号 邮政编码 310012）
	（E-mail：zjgsupress@163.com）
	（网址：http://www.zjgsupress.com）
	电话：0571-88904980,88831806（传真）
排 版	杭州朝曦图文设计有限公司
印 刷	杭州杭新印务有限公司
开 本	787mm×1092mm 1/16
印 张	11
字 数	152 千
版 印 次	2024 年 12 月第 1 版 2024 年 12 月第 1 次印刷
书 号	ISBN 978-7-5178-6338-0
定 价	58.00 元

序

　　本书主要是对 20 世纪 80 年代经典文学作品的初刊、初版史进行梳理和解析。这里的"初刊"是指作品首次在期刊上发表的版本，"初版"是指作品首次以图书形式出版印刷的版本。需要指出的是，有的作品既涉及初刊，也涉及初版。如：路遥的小说《人生》初刊于《收获》杂志 1982 年第 3 期，而最早的单行版本是 1982 年 11 月中国青年出版社的版本；李存葆的《高山下的花环》初刊于《十月》杂志 1982 年第 6 期，初版则是由北京出版社于 1983 年 1 月出版。这种情况主要涉及一批中、长篇小说。本书所研究的作品初刊、初版相关史料包括：①作品的手稿；②作品初刊、初版的相关信息，包括发表的刊物、出版社，发表的时间、封面、插图等信息；③作者关于作品的创作谈，这主要是从作者的角度谈作品的创作与发表过程；④编辑手记；⑤作品刊发或出版后，最初所引发的反响及批评；⑥作品修改及改编和传播的情况及相关的史料。从研究的具体作品来看，本书主要考虑有重要影响力和文学史价值的作品。也就是说，这些作品的经典性是公认的，如《陈奂生上城》《受戒》《绿化树》《棋王》《黑骏马》《美食家》《人生》等。对作品初刊、初版史的研究,实质上包含了对文本的内部与外部研究,是将文本自身以及文本的生成过程、生产方式、流通转换、接受阐释视作一个个承载着种种文学史符码的场域来进行解读,从而由文本研究辐射到对不同时期文学环境、文艺思想以及文学活动状况的透视与分析。这样来看,这些版本史料便成为记录文学活动状态与发展轨迹的"活化石"。解读初刊、初版史,便如一种考古式的寻踪揭秘,将其中所积淀的丰富的历史信息挖掘展示出来。

书中对20世纪80年代文学名作初刊、初版史的研究,主要从这几个方面展开:一是围绕作品初刊、初版资料本身展开研究。不论是刊发的刊物,还是初版本身都是承载与记录这些作品初始形态的重要史料,其中作家手稿、作品的装帧设计、插图等都是解读的对象。二是围绕这些史料展开对作品生成、生产的一种研究。着重分析作品写作的缘由、创作的过程、发表出版的经历等,作家的创作谈、回忆录、编辑手记等史料都是研究的重心。三是围绕这些史料展开对20世纪80年代文学作品生态场的研究。着重对作品问世的文学环境进行考察、分析,对作品问世后的反响进行分析,包括读者的反应、市场的反响、批评界的声音等。四是围绕作品的解读,着重挖掘与呈现其所折射和包含的20世纪80年代的精神特质与文化意蕴。总体来看,本书的研究从史料出发,对20世纪80年代文学名作的初刊、初版史进行追溯、还原和解析,以重返历史的方式,回到经典作品发生的第一现场,以此来呈现20世纪80年代文学经典的发生史与生成史。

目录

2

第一章 《陈奂生上城》：走进20世纪80年代的中国农民

《陈奂生上城》初刊于《人民文学》1980年第2期，获1980年全国优秀短篇小说奖。

小说《陈奂生上城》的发表对20世纪80年代的中国文学有着多重的意义：从物质生活上说，陈奂生的状貌折射出步入新时期的中国农民于温饱层面开始发生重要的变化；从精神生活及文化心理的表现上说，陈奂生这一形象又让人自然而然地与20世纪20年代鲁迅笔下的阿Q建立了联系。因此，1980年发表的小说《陈奂生上城》可谓是出现于正在展开的未来与连绵历史的交汇点处，这也使得作品承载了丰富的内涵。

一

论及《陈奂生上城》的发表以及陈奂生这一形象的塑造，就必须从高晓声20世纪50年代中期开始的经历谈起。高晓声1928年生于江苏省武进县郑陆桥后董墅村，十五岁时生母去世，父亲再

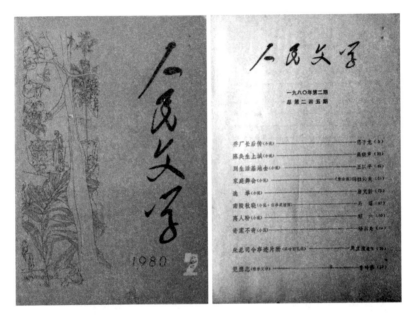

图 1-1　小说《陈奂生上城》发表于 1980 年第 2 期的《人民文学》

婚。1949 年入读苏南新闻专科学校,与林昭、林斤澜同窗。1950
年毕业后,先后在苏南文联、省文化局、省文联从事编辑和创作工
作,其与叶至诚合作的戏曲《走上新路》获华东戏曲会演一等奖。
1954 年,高晓声的短篇小说《解约》获江苏文学评比一等奖。1957
年 5 月调入江苏省文联创作组,从事专业创作。1957 年高晓声因
参与创办同人刊物《探求者》,并起草《"探求者"文学月刊启事》而
受到批判,被送回原籍武进县农村。高晓声的同学潘英达在《我认
识的高晓声》一文中记述了当年与高晓声见面时的情形:"这是我
们被错划后的第一次见面。他带着连续的咳声,跨进门槛就跌坐
在椅子里,也不招呼任何人,就像回到自己家里一样。我妻子惊讶

地招呼他，他也不响。看着他那瘦小得像虾干似的蜷曲在椅子里的身子，我竟也未吐一字。"①1962 年高晓声被派往武进县三河口中学任代课教师。当年的学生冯申正忆及对老师高晓声的印象时谈道："一天，我放学回家，看到一个人坐在北塘河中学桥南的桥墩边，同学说，他就是高晓声。我眼睛一亮，不禁停下了脚步仔细观察起来：他坐在一张藤椅上，个子不大，人很瘦，看上去体重只有七八十斤，像个干瘪小老头，两只脚蜷曲着坐在藤椅上还竟宽荡荡的，一只手撑着下颌，一副病态（高老师患肺病日趋严重，动手术切除了一叶肺，抽去了三根肋骨），给人以明显的沧桑感，脸上表情深邃凝重，像一尊雕塑，一双眼睛看似半眯，但目光犀利有神，似乎要看透从桥上走过的每一个学生。"②其间，高晓声还担任过三河口中学的图书管理员。1962 年秋，高晓声转为正式教师。

1968 年至 1970 年，高晓声在武进县三河口公社梧岗五队劳动。在三河口公社时，"高老师他们住的是一户房主不在家的平房，虽有灶而年久不用，老师们自开伙仓，高晓声就自告奋勇修复灶头。平常农家的灶头灶膛大，锅子离火远，火力散，浪费大，他就在灶底加一个通风炉膛，灶膛面积很小，离锅底近，烧火时火力集中，要比普通灶省柴近一半多。他自制的煤球炉也与众不同，特别

---

① 潘英达：《我认识的高晓声》，《小说林》1982 年第 10 期。
② 高晓声文学研究会编：《高晓生研究》（生平卷），江苏文艺出版社 2014 年版，第 38 页。

省煤"①。1970 年高晓声从梧岗村劳动结束后,又回到三河口中学做勤杂工。当时武进县农业局成立了微生物办公室,要求公社也要筹办微生物厂,以便推广使用 920 等微生物农药。乡里决定把微生物厂建在三河口中学桥北老延陵中学的空校舍里,并让高晓声负责微生物厂的生产技术。不承想,从事创作的高晓声在这个微生物厂也做出了一番成绩:"'微生物厂'厂长吴乃文和高晓声非但成功地推广了 920 农药,而且到上海农科院联系菌种,成功地培育了灵芝和银耳,并用灵芝生产了灵芝糖浆。银耳、灵芝是当时稀有、珍贵的高级补品,银耳五十元一斤,灵芝糖浆十五元一斤,还供不应求,所以几年下来,三河口公社'微生物厂'是全县少有的自负盈亏有盈余的企业。"②这一时期,高晓声劳动繁重,生活无人照料。1972 年在后母的撮合下,高晓声与后母娘家一个叫钱素贞的亲戚成了亲。关于这场婚姻高晓声在当时对友人说:"你不知道,父亲六七十岁,母亲是后娘。谁来过问我的寒暖饥饱? 谁来关心我的疾苦病痛? 我管了锅里还要顾灶里,做了田里还要做家里;我衣服破了没人补,袜子脏了没人洗啊……"③而钱素贞在谈及两人的结合时说:"1972 年我与高晓声结婚时,高晓声在武进三河口乡当教

① 高晓声文学研究会编:《高晓生研究》(生平卷),江苏文艺出版社 2014 年版,第 39 页。
② 高晓声文学研究会编:《高晓生研究》(生平卷),江苏文艺出版社 2014 年版,第 40 页。
③ 潘英达:《我认识的高晓声》,《小说林》1982 年第 10 期。

师，那时他还被错划为'右派'，并且身体也不好，一直请长病假。因肺部疾病被切除一叶肺，没有人愿意嫁给高晓声。高的父亲头上还有'帽子'，别人欺他，我当时很可怜他。因为我与前夫有三个小孩，找个年轻的，易因孩子引起矛盾，年纪大一点要好些，高晓声那时四十多岁了，我还是嫁给了他。"①成家后，钱素贞身边带着自己与前夫的三个小孩，加上高晓声的父母，一家七口。当时高晓声每月有三十六元四角的工资，这是维持全家生计的主要收入，日子过得常常是青黄不接。可以说，正是这种体验，才有了高晓声复出后《"漏斗户"主》《李顺大造屋》等小说的诞生。所以，高晓声自己也说："我写他们，是写我的心。"②

二

陈奂生这一形象最早出现在《"漏斗户"主》这部作品中，这是"陈奂生"系列小说中的第一篇，发表于《钟山》1979 年第 2 期。"漏斗户"主是小说主人公陈奂生的绰号。小说写的是 20 世纪 60 年代乡村农民困难的生活状态，但事实上，陈奂生身上有着高晓声自己生活的影子。这种印痕，不仅体现在小说中所述及的陈奂生的生活状况上，也体现在陈奂生的精神生活及性格心理上。小说中

---

① 李寿生：《高晓声的遗憾——一篇没有发出的文稿》，《常州日报》1999 年 7 月 12 日。
② 潘英达：《我认识的高晓声》，《小说林》1982 年第 10 期。

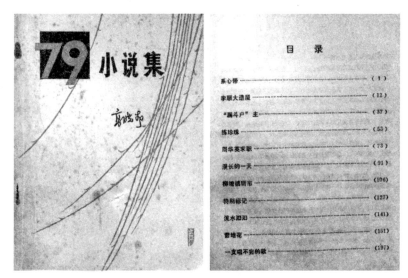

图 1-2　高晓声的《79 小说集》①

陈奂生因家里人口多，口粮常常青黄不接，为了有口饭吃，不得不东挪西借，拆东墙补西墙，日子过得窘迫不堪。其实陈奂生的这种生活境况，正是高晓声自己曾经一段时间里生活的真实写照。1959 年，已被遣送回原籍劳动改造的高晓声的妻子邹主平因病去世。高晓声开始了单身生活，在接下来的几年中，饥荒不断，挨饿受冻成为常态，日子过得异常艰辛。"最艰难的时候，高晓声一天吃四两糠，熬过三个月，在生死门槛上滚进滚出，又黑又瘦，形同晒干的田鸡。实在支撑不住，他卸下一间祖屋的八根立柱，卖了补贴

---

① 高晓声的《79 小说集》1980 年 6 月由江苏人民出版社出版。这是高晓声复出文坛后出版的第一部小说集。

一年的家用。他也是一个'漏斗户'主。"①1965 年因多年的肺病,高晓声去苏州第一人民医院做了手术,抽去四根肋骨,切掉了一叶肺。之后,高晓声的日子过得更为艰难。正是在这样的情形下,他有了再次结婚的念头。1972 年,经人介绍,高晓声与带着三个女儿的寡妇钱素贞结了婚。婚后不久,他们又有了自己的儿子。"重组了家庭,也重组了负担。光是吃饭,每年就得准备三四百元钱,才能从生产队称回口粮,而全家只有他每月能领少量的生活补贴费。每年年底,这笔钱的筹集就像千斤闸那样压在心头,逼得他像条'投煞青煞青鱼',像条被围在网里心急慌忙乱蹿的青鱼。"所以,高晓声在《"漏斗户"主》中写陈奂生的那种生活窘况,完全来自自己真实生活遭遇的感受。而在这样的生活中,曾经的作家高晓声已完全转化成了一个地道的农民,他与陈奂生可以说完全融为一体了。对此,高晓声曾坦言:"不仅使自己成为农民,而且组成了一个地地道道的农民化家庭。这和所有的农民家庭一样,是公社、大队、生产队的一个细胞。我的家庭成员一样参加生产队劳动,一样投工、投资、投肥,一样分粮、分草、分杂物。家里的陈设和农民一样,有必备的劳动工具,有饲养的家禽家畜,有一份自留地需要经营。总之,农民生活中涉及的每一个角落,也都有我的印记。公社、大队、生产队的丰收和歉收,富裕或贫穷,措施正确或错误,干部作风正派或邪恶,以及一个政策所起的作用好或不好,我同农民

---

① 曹洁萍、毛定海:《高晓声年谱》,南京大学出版社 2017 年版,第 78 页。

的感受都是共同的。我的命运和他们一样，我们的脉搏在一起跳动，我是农民这根弦上的一个分子，每一触动都会响起同一音调。"①所以，正是有着这样的感同身受，才有了如此生动而典型的当代农民形象陈奂生产生在他笔下。《陈奂生上城》是"陈奂生系列"小说中的第二部，发表在《人民文学》1980 年第 2 期上，后来获得了 1980 年全国优秀短篇小说奖。小说起笔一句："'漏斗户'主陈奂生，今日悠悠上城来。"这个"上城"也是高晓声彼时的一个转折点。1979 年高晓声获得平反，1979 年 9 月 11 日江苏省革委会人事局下发了第 2159 号文件，内容便是调高晓声回江苏省文联工作，高晓声又回到了南京。"我写《陈奂生上城》，我的情绪轻快又沉重，高兴又慨叹。我轻快、我高兴的是，我们的境况改变了，我们终于前进了；我沉重、我慨叹的是，无论是陈奂生们或我自己，都还没有从因袭的重负中解脱出来。这篇小说，解剖了陈奂生也解剖了我自己。"②陈奂生"上城"，高晓声"返城"，那一个"悠悠"道出的正是高晓声彼时的心情。高晓声在谈到陈奂生这一形象时曾说道："像陈奂生这样的人，是我多年在农村中见到的一种农民类型，可以从很多农民身上看到他的某些影子，也甚至在个别农民身上完整地体现出来。他们善良而正直，无锋无芒，无所专长，平平淡淡，默默无闻，似乎没有足以称道者。他们是一些善于动手不善动

---

① 高晓声：《曲折的路》，《四川文学》1980 年第 9 期。
② 高晓声：《高晓声文集·散文随笔卷》，作家出版社 2001 年版，第 41 页。

口的人，勇于劳动不善思索的人；他们老实得受了损失不知道查究，单纯得受到欺骗会无所觉察；他们甘于付出高额的代价换取极低的生活条件，能够忍受超人的苦难去争得少有的欢乐；他们很少幻想，他们最善务实。他们活着，始终抱定两个信念：一是在任何艰难困苦的情况下，相信能依靠自己的劳动活下去；二是坚信共产党能够使他们的生活逐渐好起来。他们把根子深埋在现实之中，始终对现实抱着无限的希望，并且总是尽一切努力去实现那种希望。"①

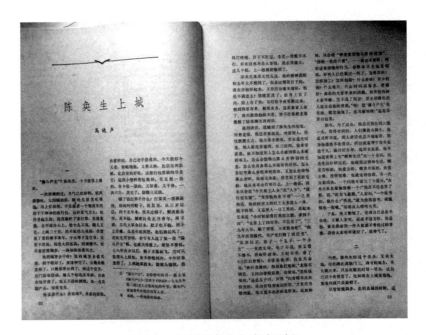

图 1-3 小说《陈奂生上城》初刊文

① 王彬彬编：《高晓声研究资料》，人民文学出版社 2016 年版，第 353—354 页。

无疑,陈奂生是高晓声贡献给中国当代文学的一个经典的农民形象,而这一形象承载着进入 20 世纪 80 年代的中国农民错综复杂的精神文化信息。正如有学者所言:"高晓声的小说创作更关注人的精神,从'漏斗户'主陈奂生建立在物质匮乏基础上的尊严被剥夺的尴尬,到上城后的因为五元钱的高消费而刺激起的身份自豪感。高晓声实际上给我们提供了一幅步入现代社会所要遵循的精神曲线图。这个精神曲线主要是以个人占有物质的丰沛程度和时间区段为纵、横坐标描绘而成,个人占有物质(包含使用价值和价值)的丰沛程度与人的尊严感强弱成正比。当然了,乡村社会原来仅仅停留在生存层面的,以'欲望驱动'为行为依据的价值评判标准就不再适应现代社会的发展。因此,高晓声就要对陈奂生进行精神再植,要以高出农民认识水平的作家视点来'俯瞰'陈家村村民,致力于改造那种建立在'自给自足'自然经济基础上的颇为'局限'的'小农意识'。小农没有现代知识的武装,生活方式封闭保守、缺乏广泛的社会交往与社会交换,这自然与当前现代化建设的社会氛围格格不入。高晓声针对'小农'的'国民性'批判立场就这样与时下的发展需要'不谋而合',于是,高的书写也就在一定意义上成为时代的风向标。"①

对于 20 世纪 80 年代而言,小说《陈奂生上城》中农民陈奂生的

---

① 赖英晓:《农民的"尊严感"及其表达困境——以"陈奂生系列小说"为中心的考察》,《现代中文学刊》2010 年第 5 期。

上城之旅具有极其丰富的社会变革层面的象征意义。在很长一个时期里，中国的城市与乡村处于割裂的状态，其间有一道难以逾越的鸿沟，这直接体现为农村人成为城里人几乎是不可能的，农村人也无进城活动的可能与必要。所以在一个时期里，农村人几乎很少有进城的机会，除了偶尔的探亲、看病、读书，再无别的缘由。而小说里陈奂生的这次进城是从事一场个人的商品贸易活动——卖油绳。这意味着，城市的门已在向陈奂生这样的农民打开，他们可以进入城市去从事经济活动，可以在城市里寻得获取收入以至改善生活现状的可能；这些正预示着城乡之间那种近乎隔绝的状态正在松动，当代中国农民有了向城而生的空间和途径，有了去分享中国现代化建设的成果和资源可能，这是陈奂生进城在社会生活层面上最为重要的意义。而陈奂生进城后，住县里的招待所、坐县领导小车的经历，恰恰是他从农村进入到城市后才获得的独特的生活体验。作品对这种生活体验进行了细致入微的表现，不是要取笑陈奂生的小农意识，而是要表现出农民进城后有机会获得城市生活经验的那最初的体会。

第二章 《受戒》：20 世纪 80 年代小说审美境界的新开拓

　　小说《受戒》初刊于《北京文学》1980 年第 10 期。2018 年 9 月入选中国改革开放四十周年最有影响力小说。

　　汪曾祺小说《受戒》的发表对于新时期小说而言具有重要的标志性意义，它意味着当代小说打开了一个新的审美境界。正如有学者所言："在新的语境中回眸新时期小说创作的发展轨迹，人们会发现，许多历史'界碑'的意义已发生了变化。目前的绝大部分中国当代文学史还是把刘心武的短篇小说《班主任》作为新时期小说的开端，这有某种历史的理性。但以新的视角来看，1980 年发表在《北京文学》10 月号上的汪曾祺小说《受戒》，才是真正具有'全新'意义的小说。短篇小说《受戒》更有资格充当新时期小说开始的标志。"①

---

① 杨学民、马金起：《〈受戒〉：新时期小说的真正开端》，《山东社会科学》2002年第 1 期。

图 2-1 小说《受戒》发表于《北京文学》1980 年第 10 期

一

汪曾祺,江苏高邮人,1940 年入读西南联大。1949 年 4 月,汪曾祺的第一本小说集《邂逅集》作为由巴金主编的"文学丛刊"中的一种,在上海文化生活出版社出版。1950 年汪曾祺任由北京市文联主办的《北京文艺》编辑。1954 年到中国民间文艺研究会任《民间文学》编辑。1956 年汪曾祺所创作的京剧剧本《范进中举》曾获北京市戏剧调演一等奖。1958 年至 1961 年,汪曾祺被下放到张家口一带进行劳动改造。对于这番经历,汪曾祺看得倒是淡然,他说:"丁玲同志曾说她从被划为右派到北大荒劳动,是'逆来顺受'。

我觉得这太苦涩了,'随遇而安'更轻松一些。'遇',当然是不顺的境遇;'安',也是不得已。不'安',又怎么着呢?既已如此,何不想开些。如北京人所说:'哄自己玩儿。'当然,也不完全是哄自己。生活,是很好玩的。"①在下放地点,汪曾祺主要从事起猪圈、刨冻粪、喷农药等劳动。劳动很繁重,但劳改生活也使汪曾祺对底层生活和底层人民有了真切的认识:"我们和农业工人干活在一起,吃住在一起。晚上被窝挨着被窝睡在一铺大炕上。农业工人在枕头上和我说了一些心里话,没有顾忌。我这才比较切近地观察了农民,比较知道中国的农村,中国的农民是怎么一回事。这对我确立以后的生活态度和写作态度是很有好处的。"②汪曾祺干活认真,肯吃苦,表现得主动积极,所以在两年后被摘掉了右派的帽子。1961年,汪曾祺回到农科所的一个设在沽源的下属单位"马铃薯研究站"去协助工作,具体任务是画一套《中国马铃薯图谱》。回顾那段日子,汪曾祺谈道:"我在这里的日子真是逍遥自在之极,既不开会,也不学习,也没人领导我。就我自己,每天一早蹚着露水,掐两丛马铃薯的花,两把叶子,插在玻璃杯里,对着它一笔一笔地画。上午画花,下午画叶子——花到下午就蔫了。到马铃薯陆续成熟时,就画薯块,画完了,就把薯块放到牛粪火里烤熟了,吃掉。我大概吃过几十种不同样的马铃薯。"③1962年,汪曾祺被调回北京。

---

① 汪曾祺:《随遇而安》,《收获》1991年第2期。
② 汪曾祺:《随遇而安》,《收获》1991年第2期。
③ 汪曾祺:《沽源》,《济南日报》1990年1月10日,第4版。

当时北京京剧团恰好有个编剧名额,汪曾祺调到了京剧团工作,任职编剧,这便有了后来参与创作样板戏的经历。

1980年,北京出版社拟出版"北京文学创作丛书",这套丛书主要收录了北京的专业和业余作家的个人选集,所收作品以他们的新作和中华人民共和国成立以来的代表性作品为主。拟定的作家名单上有刘绍棠、张洁、林斤澜、宗璞、邓友梅、刘心武、从维熙、王蒙、汪曾祺等。但出版社编辑与汪曾祺联系时,汪曾祺觉得自己在中华人民共和国成立以来作品数量不多,不太想参与。好友林斤澜听闻后专程来到汪曾祺家,鼓励汪曾祺抓紧创作。他说:"我们一伙人被关在牛棚里,有人发誓一辈子不写了,我从来不这样想。那一天,我在报纸上看到你的名字出现在天安门城楼观礼的一大群名单中,我们激动的心情无法形容。我想到你会帮助我,我想到你还能写!人要有信念,要有骨气,我和你都不是做官之人,都不愿意、不想靠任何人。你要想靠,早做大官了。可是,我们手中的笔,任何时候也不能放下呀。"①在好友的督促下,汪曾祺开始动笔了,在一年半的时间里,接连写出了九篇短篇小说。这些小说最后均收入了北京出版社1982年出版的《汪曾祺短篇小说选》中。这部小说选可以说是汪曾祺复出后出版的第一部小说集,共收入1940年以来所创作的十六篇短篇小说,其中有九篇是1979年至1981年间所写,它们分别是:《骑兵列传》《塞下人物记》《黄油烙饼》

---

① 陆建华:《汪曾祺传》,江苏文艺出版社1997年版,第198页。

《异秉》《受戒》《寂寞和温暖》《岁寒三友》《大淖记事》《七里茶坊》。在这九篇小说中,四篇是以 1949 年以前,20 世纪三四十年代的故乡高邮镇为背景的,即《异秉》《受戒》《岁寒三友》《大淖记事》。另外五篇写的是六七十年代的故事,故事内容与汪曾祺自己被划为右派后的经历与见闻有关。两类题材看上去时间背景、故事内容相去甚远,却有着内在的统一性与指向性,那便是对美的人性、美的生活的发现与讴歌。

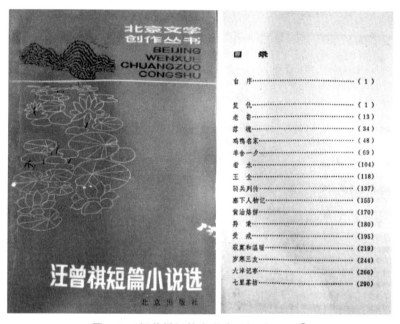

图 2-2 《汪曾祺短篇小说选》封面与目录①

---

① 《汪曾祺短篇小说选》1982 年 2 月由北京出版社出版,这是汪曾祺于新时期出版的第一部小说集。

在这部小说选中,《受戒》《岁寒三友》《大淖记事》被评论界关注较多,也正是它们的发表使得汪曾祺在新时期的文坛上大放异彩。其中《受戒》发表于《北京文学》1980 年第 10 期,《岁寒三友》发表于《十月》1981 年第 3 期,《大淖记事》发表于《北京文学》1981 年第 4 期。这三篇小说写的都是人与人之间那种真挚、纯朴的感情。这些作品的问世,也显示出汪曾祺无意纠缠于历史与伤痛之中,也不愿倾诉抱怨与愤怒,而是更专注于对记忆中那些充满美和善的人生的叙述与呈现。

二

在谈到为什么要创作《受戒》时,汪曾祺说:"这篇小说写的是什么? 我在大体上有了一个设想之后,曾和个别同志谈过。'你为什么要写这样一篇东西呢?'当时我没有回答,只是带着一点激动说:'我要写! 我一定要把它写得很美,很健康,很有诗意!'写成后,我说:'我写的是美,是健康的人性。'"① 汪曾祺写乡情故土,写民俗风情,写世道人心中的善。有评论者这样评价《受戒》:"《受戒》一出,扩大了读者的审美空间,安稳住了以控诉和呐喊为主流的新时期文学,提醒创作者及时归位——让文学回归文学。了解现代文学史的人还能看到,老将汪曾祺披挂上阵,疏通接续了现代文学和当代文学之间的联系,创造性地发展了沈从文的文学风格,

---

① 汪曾祺:《关于〈受戒〉》,载《汪曾祺自述》,大象出版社 2002 年版,第 201 页。

担负了承先启后的重要作用。《受戒》的历史贡献,有如孙犁的《荷花淀》出现于 20 世纪 40 年代初的延安,作家用他们的彩笔,描画铺排出一片文学新天地,既开风气又为师。"①

　　学者熊坤静在一篇文章里谈及当年《北京文学》的编辑李清泉发现并刊发汪曾祺小说《受戒》的过程:"编辑清泉对汪曾祺并不很熟悉,只了解其大概情况。就在改刊前的一期,即 9 月号《北京文艺》上,他还亲手签发过汪曾祺的一篇自发来稿《塞下人物记》。通过该作他感到作者文字功力颇深,对人物刻画的白描手法运用自如。关于《受戒》的信息,他是在北京市文化局于 1980 年 7 月份召开的一次文艺单位党员负责人会议上偶然得到的。那天,在大家七嘴八舌的议论中,北京京剧团的老杨说是他最近读了一位朋友写的小说,写的是一个小和尚和一个农村少女初恋的故事,很有味儿。说者无意,听者有心,趁着会间休息时,李清泉便向老杨打听:'你说的这篇小说的作者是谁?''就是我们单位的一位编剧,叫汪曾祺。'李清泉高兴地说:'这篇小说还在你手上吗? 能否也给我看看,让我也尝尝那迷人的味道!'得知小说已不在老杨手中,李清泉遂要求其代为转告汪曾祺,让他尽快把小说寄来。谁料老杨却有些腻烦地说:'别费那个心思了,那小说是不能发表的。'回到编辑部后,始终惦记着此事的李清泉立即打发小说组的编辑设法找到汪曾祺,将那篇小说要来。一个多月后,小说才取来,李清泉遂迫

① 　卫建民:《悼念汪老》,《文汇读书周报》1997 年 5 月 31 日。

不及待地一口气将它读完,觉得它果然名不虚传,极富诗意,特别是它的结尾意境悠远、耐人回味,让李清泉叹赏不已。《受戒》的稿末,有两行小字:'一九八〇年八月十二日,写四十三年前的一个梦。'经过一番思忖,李清泉断定,前面这个日期看来是作品改定或誊抄的日期;至于'四十三年前'这个日期,显系作家在有意提示人们:小说写的不是中华人民共和国成立后的年代,也不是解放战争或抗日战争时期的事,而是比现在这个历史阶段更早的社会生活图景。因为在这个历史阶段,不可能有《受戒》中描绘的那种小天地中的田园欢娱。岁月如流,往事如烟,身处于当代而写四十三年前的旧事,当然有恍如隔世之感,这大约便是那个'梦'的由来了。"①

李清泉自己谈及当年刊发《受戒》的过程时也感慨道:"我不仅面对着《受戒》,还面对着作者一纸短简,其中说,发表它是要胆量的。这话由作者说和由别人说,作用迥异,但我还是心地平静毫不犹豫地签发了。我手里拿着《受戒》也不是不认真端详,无奈正面看,反面看,斜侧着看,倒过来看,怎么也产生不出政治联想,看不出政治冒犯,反而觉得这回就是鼓足了胆量也白扯。当然,我们心里还存着一个心照不宣的体验,那便是对于'左'的演绎法的恐惧,但那却完全不在于你的作品有无毛病和毛病的性质是什么,它的厉害在于它可以任意解释、随时找出所需要的罪名。它的另一个

---

① 熊坤静:《名作〈受戒〉诞生前后》,《北京党史》2008 年第 2 期。

厉害还在于你只能匍匐在地，候旨、不容分说。因此这又与胆量大小无干，求一条万全之策，来个事先防备是无济的。当时依我看来，产生这种情况的条件，虽不能说完全消失，却也消失了不少，它不仅不该再有，也不很可能再有，万一再有自然又是一场大灾难，又何惜一身。我倒觉得《受戒》作者，难以自己的艺术跃动，在是否能获得出生许可毫无把握的情况下，终于写了出来，以及听老杨同志说它味道十分迷人，虽然接着又说它毫无意义，我也仍然挖掘出来，欣喜地予以发表，这事于他于我，更为内在的因素都不过是对于艺术的诚实，表现出一点艺术开拓的勇气，硬要说胆量，那也仅仅是艺术胆量。我们陷于但求政治上无过，不求艺术上有功的猥琐平庸气氛中太久了，因此《受戒》的出生是炫人眼目的，同行相见是喜形于色的，对于改变文学创作的生态环境是起积极作用的。"[1]

小说《受戒》的发表对于20世纪80年代的文学而言意义非凡，学者王本朝谈道："我想，如果将《受戒》看作20世纪80年代的文化寓言，也许会更接近作者的意图。它是对被时代扭曲的一个'梦'的回忆和召唤，是中国社会的'生活'与'信仰'关系的世俗性还原。"[2]张业松则认为："汪曾祺的《受戒》是一篇奇异的作品，读来很多地方都给人惊异之感。首先，它写于1980年8月，那是整个中国社会刚刚从'文革'中走出来，社会物质和精神生活都还相当贫乏

---

[1]　李清泉：《关于〈受戒〉种种》，《北京文学》1987年第5期。

[2]　王本朝：《渎神的诗性：〈受戒〉作为1980年代的文化寓言》，《当代文坛》2012年第2期。

的年代。受制于贫乏的约束,人们对丰富性的想象力也是有限度的。所以这篇作品给人的第一个鲜明印象,可能就是扑面而来的让人感到陌生而奇异的丰富细节。"①

　　小说《受戒》将寺院生活世俗化,其实是将俗世生活脱俗化。作家写出了非常纯粹的世俗生活本身,纯粹的日常、纯粹的交往、纯粹的友情与爱情。这种纯粹的世俗生活产生了一种令人神往的吸引力,而这其实只是将世俗生活还给了世俗。在过去的很长一段时间里,人们的日常生活被组织和动员了起来,日常的交流、表达与往来也被一种高度程式化的东西所笼罩,而汪曾祺的《受戒》用娓娓道来的叙述语调,将俗世的日常生活状态写得一尘不染、清新脱"俗",一扫遮盖于其上的那种束缚与威严,而可以有小明子、小英子那样纯粹和纯净的点滴感受。正是这种纯粹俗世日常的回归与展示,也才使得作品有了那种令人神往的魅力,这也是 20 世纪 80 年代人们对日常俗世生活的一种期待和渴望。

---

① 张业松:《人生的密戒:汪曾祺〈受戒〉》,《名作欣赏》2019 年第 2 期。

第三章 《傅雷家书》:20世纪80年代知识分子话语的重构

　　《傅雷家书》是由傅雷的次子傅敏编订而成,初版于1981年,由生活·读书·新知三联书店出版。其中收录1954年至1966年傅雷写给儿子傅聪的中文信件共125封,这些信件均来自傅聪。另收录傅雷写给傅敏的2封信,以及傅雷的妻子朱梅馥写给儿子傅聪的1封信。傅雷是著名的翻译家、评论家,而傅聪是年少成名、享誉世界的钢琴家。《傅雷家书》既是父子之间的亲情表达,又是两位艺术家之间有关于艺术与人生、学习与成长的对话。对话者身份的不同凡响,对话内容的博学高雅,使得《傅雷家书》一经推出,便具有了某种典范的意义。在有关傅雷以及《傅雷家书》的众多表述中,两者几乎无一例外地被赋予极其崇高的人文精神内涵。从某种程度上来说,傅雷因此而成为体现当代知识分子文人风骨的高标。楼适夷在其《读家书,想傅雷》一文中称,《傅雷家书》"是一部最好的艺术学徒修养读物","是一部充满父爱的苦心孤诣、呕心沥血的教子篇"。①

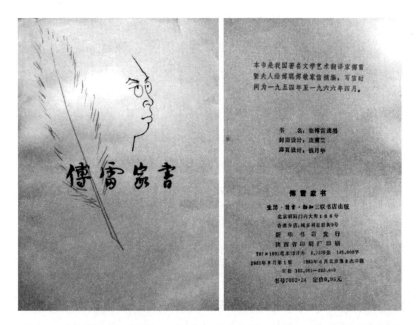

图 3-1 《傅雷家书》初版本,1981 年 8 月由生活·读书·新知三联书店出版

一

《傅雷家书》在 20 世纪 80 年代初的出版对新时期文学而言有着不同寻常的意义,某种程度上它成为构筑起饱受政治劫难而不失文人风骨、气节与风采的最有影响力的文字记录。可以说《傅雷家书》的出版及其广泛传播,对傅雷形象及傅雷精神的建构有着决

① 楼适夷:《读家书,想傅雷》,见《傅雷家书》(增订第五版),生活·读书·新知三联书店 1998 年版,第 4 页。

定性的影响作用。1979年傅聪回国参加父母的追悼会,曾向楼适夷提起当年父母写给自己的信都保存在自己海外的寓居里。追悼会结束后,傅敏于1979年4月自费到英国求学,在哥哥傅聪那里见到了这批当年父母写给傅聪的家信,在征得傅聪的同意后便开始选编整理。1980年傅敏由英国返回,将选好信件的复印件带了回来,此后一边工作,一边编家书。时任北京生活·读书·新知三联书店总编辑范用在楼适夷的推荐下找到傅敏商谈家书的出版事宜,几经周折,《傅雷家书》于1981年8月出版。傅敏在后记中写道:"今年九月三日是爸爸妈妈饮恨去世十五周年。为了纪念一生刚直不阿的爸爸和一生善良贤淑的妈妈,编录了这本家书集,寄托我们的哀思,并献给一切'又热烈又恬静,又深刻又朴素,又温柔又高傲,又微妙又率真'的人们。"①《傅雷家书》出版后,傅敏发现其中有许多错漏误植之处,便让傅聪将保存的家书原件带回国内,傅敏对全书进行重新校编,于1984年5月出版了增补本。《傅雷家书》由此开始广为流传,成为非政治类通俗读物中最畅销的书籍,被列入共青团中央向全国青年推荐的读物。1982年,胡乔木在给胡耀邦的一封信中谈到了傅雷及《傅雷家书》,"傅雷的爱国爱党之心溢于言表,读之令人感慨不已"②。2012年,江苏文艺出版社出版了《傅聪版傅雷家书》,仍然是傅敏所编,由四个部分组成:第一部分

① 傅雷:《傅雷家书》(增订第五版),生活·读书·新知三联书店1998年版,第349页。

② 叶永烈:《铁骨傅雷》,文汇出版社2010年版,第251页。

是傅聪写给父母的6封家信;第二部分是1954年至1958年傅雷夫妇写给傅聪的82封家信;第三部分是傅雷夫妇在世时摘编的39封傅聪的家信;第四部分是1959年至1966年间傅雷夫妇写给傅聪的102封家信。与1981年最初的版本相比较,一是增加了傅聪家信的内容;二是增加了傅雷夫妇家信的数量,母亲朱梅馥由初版本的1封,增加到了73封。

单纯地去阅读《傅雷家书》中的文字,处处都能够让人感受到傅雷对儿子傅聪浓浓的父爱以及无微不至的关怀。一封封家书中傅雷与儿子傅聪关于人生、艺术等话题做了推心置腹的交流及其在交流中所表现出的博学与不同凡响的艺术素养,无不令人肃然起敬。有这样一位才华横溢、艺术修养高,而又亲切耐心的父亲的教导,傅聪能在钢琴领域取得非凡的成绩似乎顺理成章。但还原历史后拼接而成的傅雷教子画面却远非如家书中所呈现的那样完美,回到具体历史语境中的《傅雷家书》饱含着的是一位身处动荡岁月的知识分子难以言表的政治与亲情隐痛。

叶永烈称"《傅雷家书》体现了傅雷的教育思想","值得从教育学、人才学、家庭学的角度加以探讨"[①]。傅聪于七岁半时在傅雷的安排下开始学琴,但是到1948年,傅聪十四岁时,傅雷对傅聪在钢琴方面的发展前景失去了信心,也放弃了对傅聪在钢琴方面的培

---

① 叶永烈:《别具一格的家书——傅雷家书》,见金圣华编:《傅雷与他的世界》,生活·读书·新知三联书店1996年版,第145页。

养。那一年傅雷举家迁往昆明,待后来辗转返回上海时,傅聪被单独留了下来,因为"父亲以为一个不上不下的空头艺术家是最要不得的,还不如安分守己学一门学科,对社会多少还能有贡献"①。傅聪后入读云南大学外文系,直到 1951 年才自筹路费回到上海的家,才又接起了中断数载的钢琴练习。《傅雷家书》中这些家信的写作始于 1954 年,这一年傅聪二十岁。傅雷之所以从 1954 年开始给傅聪写信,是因为这一年傅聪离家远行,而且是远赴波兰。早在前一年,傅聪经选拔后被派往罗马尼亚参加"第四届国际青年与学生和平友好联欢节"的钢琴比赛,获得钢琴独奏三等奖,这是傅聪第一次在国际比赛中获奖。正是因为这次比赛成绩的突出,傅聪又被国家选中派往波兰参加"第五届肖邦国际钢琴比赛"。1954 年 1 月 18 日,即傅聪离家赴京的第二天,傅雷写下了给儿子傅聪的第一封家信。在信中写道:"孩子,我虐待了你,我永远对不起你,我永远补赎不了这种罪过!"②言犹未尽,第二天,傅雷又写一封:"昨夜一上床,又把你的童年温了一遍。可怜的孩子,怎么你的童年会跟我的那么相似呢?我也知道你从小受的挫折对于你今日的成就并非没有帮助,但我做爸爸的总是犯了很多很重大的错误。"③《傅

①　叶永烈:《铁骨傅雷》,文汇出版社 2010 年版,第 121 页。
②　傅雷:《傅雷家书》(增订第五版),生活·读书·新知三联书店 1998 年版,第 3 页。
③　傅雷:《傅雷家书》(增订第五版),生活·读书·新知三联书店 1998 年版,第 3 页。

雷家书》的开篇是以傅雷对已经长大成人的儿子的忏悔开始的,也由此开始了父子之间推心置腹的书信交流。《傅雷家书》充满着的是一个父亲对远在异国的儿子细致入微的关怀。从思想到心情,从学习到工作,从恋爱到理财,从起居到业余爱好,从穿着到待人接物,一一过问指点。同时傅雷还就音乐、文学、东西方文化等与儿子进行了深入的探讨与交流,情深、博雅而又关怀之至。

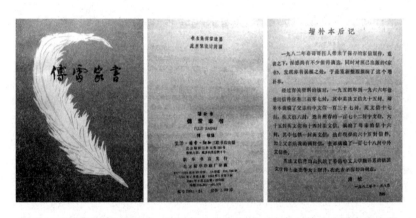

图3-2 《傅雷家书》增补本,1984年5月由生活·读书·新知三联书店出版

二

《傅雷家书》的出版将傅雷精神及形象打造为一代知识分子铮铮铁骨的象征,这在20世纪70年代末80年代初这样的转折时期激起巨大反响,对彼时知识分子话语的重构、知识分子形象的重塑有着十分重要的作用。《傅雷家书》出版后,傅雷的好友、同事、同学、家人纷纷写文悼念傅雷。傅雷的好友柯灵在《怀傅雷》一文中

写道:"他身材颀长,神经又很严肃,给人的印象仿佛是一只昂首天外的仙鹤,从不低头看一眼脚下的泥淖。"①楼适夷在《傅雷的性格》一文中起笔便道:"傅雷的性格,确实是很孤傲的。"②杨绛在《忆傅雷》中谈到傅雷翻译《贝多芬传》《米开朗琪罗传》和《托尔斯泰传》三部传记的意义时说,这"是在'阴霾遮蔽整个天空的时期'。他要借伟人克服苦难的壮烈悲剧,帮我们担受残酷的命运"③。行文中着重诠释傅雷精神的高贵及其结局的悲壮,赋予了他以如普罗米修斯般的为文学、为艺术、为高贵的人格而献身的意义。傅敏在《回忆我的爸爸傅雷》中说道:"爸爸的秉性十分耿直倔强。他刚直不阿,不向任何权势折腰;他光明磊落,嫉恶如仇。"④中华人民共和国成立后,傅雷是人民文学出版社的特约翻译,没有工资,也没有退休一说,妻子朱梅馥也没有工作,全家的收入全部来自傅雷翻译的稿费。由于没有正式的所属单位,傅雷住的房子也是自己租住的,全家住在上海江苏路 284 弄 5 号一幢私人所有的三层花园洋房,每月要支付房租 55.29 元。中华人民共和国成立前,傅雷一度

---

① 金圣华编:《傅雷与他的世界》,生活·读书·新知三联书店 1996 年版,第 5 页。

② 金圣华编:《傅雷与他的世界》,生活·读书·新知三联书店 1996 年版,第 10 页。

③ 金圣华编:《傅雷与他的世界》,生活·读书·新知三联书店 1996 年版,第 18 页。

④ 金圣华编:《傅雷与他的世界》,生活·读书·新知三联书店 1996 年版,第 59 页。

还拥有从母亲那里继承下来的四百多亩田地，但从抗战前开始，这些田地因生计需要被傅雷陆陆续续卖掉了，所以到中华人民共和国成立后，稿酬便成为傅雷唯一的收入来源。中华人民共和国成立后，傅雷集中精力重译和新译了大量巴尔扎克、罗曼·罗兰、梅里美、伏尔泰的作品，迎来了自己翻译事业上的一个高峰期，在收入上也有了可靠的保障。但从 20 世纪 50 年代后期开始，傅雷译作的出版开始陷入困境，因身体每况愈下，译得少，收入也便锐减，生活便日益困顿起来。在《傅雷家书》中可以看到，傅雷与傅聪的通信中多是文学艺术方面的交流，而朱梅馥在与儿子傅聪的通信中则多谈及生活，从中也可以了解到傅雷当时的生活境况。但即使是这样，傅雷也从没有向困难低头，没有向别人求助，继续抱病伏案翻译，傅雷的铮铮铁骨由此可见一斑。可以说，傅雷的形象正是通过这些回忆性的文字被一点点地塑造了起来。

在诸多关于傅雷事迹的著述中，作家叶永烈所创作的作品数量最多，对傅雷形象的塑造及傅雷精神的阐释影响也最大。早在 1980 年叶永烈就以傅雷、傅聪父子的遭遇为原型创作了小说《爱国的"叛国者"》，这也是有关傅雷与傅聪的事迹最早的文学化呈现。后来叶永烈在《百花洲》1984 年第 2 期上发表了报告文学《家书抵万金——〈傅雷家书〉和傅聪》。在写这篇报告文学的过程中，叶永烈采访了许多傅雷生前的好友，如楼适夷、周煦良、雷垣、林俊卿等，还有傅雷家当年的保姆周菊娣，通过采访掌握了大量的第一手资料。

1986 年叶永烈编著的《傅雷一家》由天津人民出版社出版，其中收录了叶永烈所写的关于傅雷及其家人遭遇的几篇报告文学,同时还收录了傅雷好友及家人悼念傅雷的数篇文章。这是最早系统讲述傅雷事迹的一本书。此后,叶永烈陆续出版了《傅雷与傅聪》《铁骨傅雷》《傅雷画传》《解读傅雷一家》等作品,他成为对傅雷及《傅雷家书》进行介绍和诠释的写作文字最多的作家。在这些传记文学作品中,叶永烈将傅雷作为"中国知识分子的不屈的代表,也是多灾多难的中国知识分子的缩影"①来进行塑造的,而傅雷形象的打造、傅雷精神的诠释也正是在这些文字的叙述中得以呈现的。这些文字勾勒出一位有真挚的爱国主义情怀,有深厚的学养与才华,有非常高的艺术品位,有气节的知识分子形象,而这样的表述正契合 20 世纪 80 年代思潮的需求,也契合彼时重构知识分子人格形象的需求。所以,傅雷事迹的叙述及傅雷形象的打造对 20 世纪 80 年代而言有极其重要的思想价值与精神价值。

图 3-3　叶永烈编著的《傅雷一家》1986 年 9 月由天津人民出版社出版

① 　叶永烈:《铁骨傅雷》,文汇出版社 2010 年版,第 8 页。

第四章 《高山下的花环》:20 世纪 80 年代军事小说的创作突围

  《高山下的花环》是李存葆创作的中篇小说,初刊于《十月》1982 年第 6 期,该作获 1981—1982 年全国优秀中篇小说奖。

  《高山下的花环》是 20 世纪 80 年代军旅文学中的一部扛鼎之作,小说开了以悲剧形式表现战争以及军旅生活的先例。小说以 1979 年中越自卫反击战为背景,以云南边防部队某部三营九连的战争遭遇为叙事焦点,通过对梁三喜、赵蒙生、靳开来、小北京等一系列军人形象的塑造及其故事的讲述,在展现当代军人浴血奋战、保家卫国的英勇精神的同时,也深刻地触及了现实生活及军队内部的种种问题与矛盾,也对"昨日"的历史创伤进行了沉痛的反思。

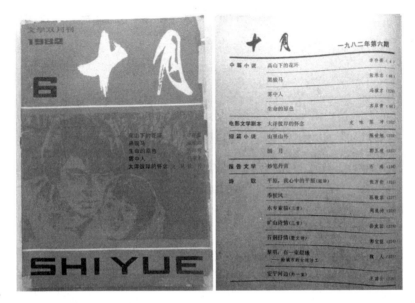

图 4-1　小说《高山下的花环》发表于《十月》1982 年第 6 期

一

与 20 世纪 50—70 年代的战争文学相比,《高山下的花环》可谓有诸多方面的重要突破:一是对战争悲剧性的直面书写;二是对军队内部矛盾与问题的大胆呈现。该小说不是一味地在英雄主义的情怀下去塑造军人形象、讲述战争故事,而是在交织着种种历史与现实问题的复杂的社会生活背景下来呈现这些前线战士的思想、性格、心理与行为。作品对军队里干部子弟利用特权进行"曲线调动"的现象的揭示及对农家子弟因生活困难而背负重债的场景的描写尤为触动人心。这样的叙述指向也使得作品在 20 世纪 80 年代的军旅文学创作中体现出一种难能可贵的担当，这也是小说在发表后引发较大社会反响的重要原因之一。1984年谢晋导演将小说《高山下的花环》改编为同名电影而搬上银幕，该片曾获电影百花奖最佳故事片奖以及金鸡奖最佳编剧奖等重要奖项。《高山下的花环》是20世纪80年代一部现象级的文学作品，正如学者陈华积所说："《花环》最蔚为壮观的是引发了一场当代文学的出版奇迹，全国先后有74家报纸连载此小说，北京出版社的《花环》单行本，到第8次印刷时，已达158万册，当时国内有8家出版社出版《花环》单行本，总印数达1100万册。另外，全国有60家剧团把《花环》改编成话剧、歌剧、舞剧、京剧、评剧、曲剧演出。1984年，《花环》被改编成三集电视剧在全国上演，同时还被改编成电影在下半年上演。《花环》电影引起巨大轰动，几乎达到家喻户晓的地步，也是'对越自卫还击'系列电影中最感人的电影。"①

　　1979年2月17日至3月16日，中国、越南两国在中越边境爆发战争，后称为中越自卫反击战。分为云南和广西两个作战方向，云南省作战由当时的昆明军区司令员杨得志指挥，广西壮族自治区作战由当时的广州军区司令员许世友指挥。战争进行了三个阶段：第一阶段中共中央向全国公开下达了准备开始自卫反击作战的通知。第二阶段中国人民解放军攻克了越南境内的军事要塞谅山市。第三阶段中国人民解放军以交替掩护、边清剿边撤退的方

---

① 陈华积：《〈高山下的花环〉的诞生》，《文艺争鸣》2019年第6期。

图 4-2 小说《高山下的花环》初刊文

式,于 1979 年 3 月 6 日至 3 月 16 日全部军队撤回中国境内。《高
山下的花环》正是以这场战争为背景进行写作,拉开了新时期军事
小说的序幕。

《十月》杂志在 1982 年第 6 期刊发《高山下的花环》的同时,还
同期刊登了李存葆写的《〈高山下的花环〉篇外缀语》。在这篇文章
里,李存葆讲述了创作小说《高山下的花环》的过程。李存葆是山
东省五莲县人,1964 年参军入伍。因为会写稿,1970 年被调入济
南军区文工团担任编导。1979 年初春,对越自卫反击战打响不久,
当时作为济南部队政治部宣传队创作室创作员的李存葆与其他几
位济南部队从事创作的同事接总政文化部的通知赴云南前线进行

采访报道。前线采访历时四个月，李存葆边访边写，完成了十万余字的报告文学和散文，并陆续在军内外刊物上发表出来。其中，报告文学《将门虎子》刊载在《解放军文艺》1979年第7期上，该作荣获自卫反击战全军征文一等奖。虽有荣誉加身，但对于这次前线写作任务的完成，李存葆自己并不满意："当我翻阅自己这些已发表的作品时，深感惭愧与不安，甚至没有勇气将这些印成铅字的东西再读一遍。我深深感到这些作品，远远没有反映出参战部队指战员给我讲述的原始材料中的那些动人情景！原因何在？我反复思考，觉得描写战斗过程较多，而揭示人物心灵的东西很少，可能是这些作品缺少感人的力量的根源。"①

1979年8月，李存葆在解放军文艺社的安排下又到广西前线某参战部队去深入生活，这次李存葆在前线待了三个月。正是在这次采访中，李存葆对前线战士的遭遇以及军营内部的问题有了深深的触动，其中有两件事给他留下了很深的印象，这也成为后来小说《高山下的花环》着力表现的内容。李存葆谈道："我采访到这样一件事，一个从农村入伍的连队干部，……他生前欠下一笔数目不少的账。他和他年轻的妻子感情极深，他在写给妻子的遗书中，百倍真诚地叮嘱妻子，盼妻子在他死后能坚强地活下去，要尽早改嫁，建立新的美满的生活。同时，他还一再告诉妻子，在他死后，希望妻子和家人，要多想想国家的难处，不要向组织伸手，他欠的账

---

① 李存葆：《〈高山下的花环〉篇外缀语》，《十月》1982年第6期。

可用抚恤金来还。如不够,望家中想法把他欠的账一次还清……"①关于这一方面,李存葆在小说中通过对九连连长梁三喜这一形象的塑造后进行了有力的表现。"在前线生活和采访中,我接触过一些干部子弟,……但是,也有极个别的领导干部,竟在参战前把子女调离了参战部队,……这虽是极其个别的事,却很伤害参战部队指战员的感情,激起了他们的极大义愤。"②《篇外缀语》对这一现象的揭示,李存葆在《高山下的花环》中主要是通过对副指导员赵蒙生的描写进行展开的。当初李存葆在构思这部作品时对能不能写军队内部的矛盾与问题是很有顾虑的,"后来屡次想抽空重新结构,总感到难度颇大。除了角度的选择外,还因生活交给我的那些素材的'负荷量'沉甸甸的,我不能把它写得不疼不痒,这就遇到如何写军队内部矛盾的问题。没有任何人说军队内部矛盾不可以写,但还确实存在如何在创作实践中表现的问题。尤其是写自卫反击战,我当时还未能从已发表的作品中得到更多的有关这方面问题的借鉴"③。

二

2005 年当年刊发《高山下的花环》的《十月》杂志的编辑张守仁

---

① 李存葆:《〈高山下的花环〉篇外缀语》,《十月》1982 年第 6 期。
② 李存葆:《〈高山下的花环〉篇外缀语》,《十月》1982 年第 6 期。
③ 李存葆:《〈高山下的花环〉篇外缀语》,《十月》1982 年第 6 期。

在《美文》杂志第 3 期发表了《我和〈高山下的花环〉》一文,在文中张守仁详述了这部作品的刊发经过。据张守仁所讲,1982 年 4 月,作为《十月》编辑的张守仁参加了总政治部在北京召开的军事题材文学创作座谈会,也正是在这次会议上他与李存葆相遇。在会上,"胡乔木就如何繁荣军事文学创作的问题,提出了人民性高于党性的新观点"。这极大地激活了与会作家的思想,也引发了热烈的讨论。在会议组织的外出参观的活动的车上,张守仁刚好与李存葆坐了一起,便向李存葆进行约稿。"他向我讲了三个题材:一个是《月照军营》,是描写军人爱情生活的;一个是《英雄一生》,是叙述一位将军从抗日战争、解放战争、抗美援朝一直到今天的戎马生涯的;一个是《高山下的花环》,围绕着一个边防连队战前、战中、战后的生活,反映了当时社会上、军队内部存在的种种尖锐矛盾。我听了他讲的三个题材,对《高山下的花环》最感兴趣。"①北京会议结束后,李存葆又紧接着参加了《解放军文艺》社举办的小说读书班,同时也开始了《高山下的花环》的写作。对小说写作的过程,张守仁回忆道:"他从 1982 年 5 月 20 日动手写《高山下的花环》,到 6 月 19 日就完成了初稿。并于 7 月 5 日至 7 月 18 日改写,誊抄完毕。当天傍晚,李存葆拿了一大摞原稿送到我北三环中路 6 号的家里,希望我尽快处理。我连夜阅读。翻完最后一页稿子,如同淘金者终于觅到了大金块那样,喜悦之情难以抑制。我判定:这是一部难

---

① 张守仁:《我和〈高山下的花环〉》,《美文》2005 年第 5 期。

得的突破之作,这是一部我早就渴望的好稿,这是一部能给《十月》和作者带来巨大荣誉的力作。"①

《高山下的花环》的刊发过程也颇有意味。当年小说在审稿阶段得到了《十月》杂志编辑们的好评,一致决定将作品作为重点稿置于头条刊发。但因这部作品率先触及了当时军队内部的一些矛盾和问题,张守仁也听说李存葆在解放军文艺社图书楼上写出初稿,文艺社的编辑和领导看过后,迟迟不敢表态。为了慎重起见,《十月》编辑部在将稿子编好后又专门送给冯牧审读,并邀请他给这部作品写一篇评论。冯牧看后高度肯定了作品,同时也觉得有些地方有点尖锐,建议进行修改。面对这一情景,张守仁回忆道:"冯牧的忧虑,我和存葆都能理解。存葆舍不得删改。我们俩一致认为,如果把矛盾的尖锐性磨平了,艺术感染力必将大大减弱。"②为了兼顾两方面的意见,张守仁把编好的稿子复印了一份,让李存葆在附件上进行删改后交给冯牧再次进行审阅,并在此基础上又请冯牧为作品写了评论文章。同时,张守仁在发稿时瞒着他人,在小说刊发时仍然用的是没有删改的原稿。最终,在 1982 年第 6 期的《十月》杂志上,小说《高山下的花环》在第一篇的位置发表,同时刊登的还有李存葆所写的《〈高山下的花环〉篇外缀语》以及时任中国作协书记处书记、著名文学批评家冯牧所写的评论文章《最瑰丽

---

① 张守仁:《我和〈高山下的花环〉》,《美文》2005 年第 5 期。
② 张守仁:《我和〈高山下的花环〉》,《美文》2005 年第 5 期。

的和最宝贵的——读中篇小说〈高山下的花环〉》。冯牧在这篇评论中写道:"确实是一部好作品,一部洋溢着崇高的革命情愫、能够提高和净化人们思想境界的作品,一部真实地挖掘和再现了我们英雄战士身上所赋有的那种瑰丽而又宝贵的精神品质的作品。这样的作品,正是我们目前所迫切需要的那种作品。我们的读者(特别是青少年读者),将会在这部作品里获得启示和营养,获得继续前进的力量,获得我们的伟大事业必将胜利的信念。"①

图 4-3　李存葆的创作谈与批评家冯牧的评论文章

---

① 冯牧:《最瑰丽的和最宝贵的——读中篇小说〈高山下的花环〉》,《十月》1982 年第 6 期。

三

《高山下的花环》中描写的这场中越自卫反击战中,一些解放军战士牺牲在战场上,其中包括 10 位部队首长的儿子,分别是张力、耿军、耿晓康、周伟、曲宁江、江鲁平、罗粤宁、曹辉、赵幼林、彭泓、蒲仕平。其中,《高山下的花环》中"小北京"的原型被认为是原 54 军 160 师师长张志信的儿子张力。张力在战争爆发前在华北某部参加集训,本来是不用上战场的,但他听说了前线打仗的消息后,毅然决然地向父亲提出申请。张力被调到前线后,任某部侦察班副班长。1979 年 2 月 27 日在执行侦察任务时,年仅 21 岁的张力不幸中弹,受伤严重,因为前线离后方医院太远,张力未能得到及时救治而牺牲。张志信后来也没有把儿子的骨灰带回老家,而是同他的战友们一起安葬在了广西靖西烈士陵园。

还有一则围绕《高山下的花环》发生的故事,与印刷厂的排印工人有关。《高山下的花环》出版后,李存葆收到很多读者来信,其中有相当一部分是为作品中的靳开来这一人物的遭遇喊屈,认为应该给靳开来立功授奖。甚至在小说再版重印时,印刷厂车间的排版女工罢了工,要求作者必须修改靳开来的结局,否则不开工。无奈之下,印刷厂的厂长请来作者李存葆来给大家解释,让大家明白,这是小说中虚构的人物,同时指出现实生活也确实有像靳开来这样的人的遭遇,作家需要将生活中的这些不尽如人意的遭遇表现出来。最后在上级部门的介入下，印刷厂女工们才重新开了工。

据张守仁讲，当年《十月》杂志社把准备刊发的那期稿子送到北京车公庄新华印刷厂排字、印刷，刊物还没印好，就有一位北京电影制片厂的导演找到张守仁谈将《高山下的花环》改编为电影的事宜。张守仁了解后才得知，新华印刷厂的工人们在排字时，深受作品的感染，悄悄地多印了一些校样带回去先给家人和亲友阅读，校样又经多次复印，于是还未正式刊发，稿子已在社会上传阅开来了。小说《高山下的花环》的发表与同名电影的上映，引起了强烈的社会反响，一定程度上推动了部队各级将士抚恤金的提高。在小说中，连长梁三喜牺牲后得到的抚恤金只有 500 元，还不够偿还留下的欠账单上的债，这也引起了相关部门对战士抚恤金较低这一问题的重视。到1984年老山战役时期，有关部门将普通战士的抚恤金上调到了 2000 元。

《高山下的花环》对于 20 世纪 80 年代军事文学的创作突围无疑有着重要的意义，正如朱向前所指出的："《高山下的花环》表现了作者秉笔直书的严肃态度和'敢为天下先'的无比勇气。李存葆义无反顾地蹚过政治雷区，整个社会中被压抑已久的呼声在作品中得到了释放与传递。"①而学者颜琪更是指出："《高山下的花环》在当代军旅文学史上的地位显著，学界通常将它与徐怀中的《西线轶事》并列为新时期军旅文学开创阶段的两座高峰。相比较之下，

① 朱向前：《李存葆的过去和现在》，《北京文学》2004 年第 8 期。

图 4-4　小说《高山下的花环》初版本，1983 年 1 月由北京出版社出版

《高山下的花环》的历史感更加深邃，思想容量更加厚重，其所反映的生活世界远远超出了军营，的确堪称对整个中国社会现实及其历史命运的'整体把握'。它的主旨，正如大家所看到的，就是表现一群小人物所具有的'位卑未敢忘忧国'的崇高情怀与担当精神，这种情怀和担当绝非刻意做作之举，而是出自内心深处的自然流露，故堪称中华民族之生命机体中最有韧性、最为持久、最为强劲的前行推动力。"①

　　小说《高山下的花环》的发表以及谢晋导演根据小说而拍摄的

---

① 颜琪：《"崇高"主题下的"滑稽"——谈〈高山下的花环〉影视改编问题》，《文艺争鸣》2011 年第 8 期。

同名电影的上映,使得 1979 年爆发的那场中越自卫反击战以一种
十分具象的方式呈现在人们的面前。而其中不论是对中国当代军
人精神风貌的展现,还是对当时军旅生活本身的一些现实问题的
揭示,都给读者和观众带来了较大的触动。这种触动也由文学延
伸到现实生活,对当时的一些政策的制定产生了影响。这也是 20
世纪 80 年代文学的社会影响力的一个侧面体现。《高山下的花
环》虽是军事题材作品,但其文学意义不只限于这一题材领域,它
的问世,也是 20 世纪 80 年代文学的使命意识、担当意识的真切
体现。

第五章 《人生》:20 世纪 80 年代乡村知识青年的城市渴望

《人生》是路遥创作的中篇小说,也是其成名作,初刊于《收获》1982 年第 3 期,获 1981—1982 年全国优秀中篇小说奖。

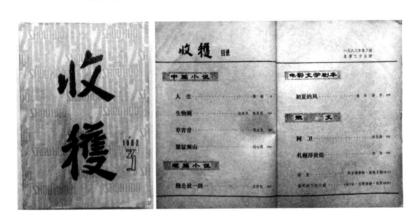

图 5-1 小说《人生》发表于《收获》1982 年第 3 期

一

路遥出身于陕西省陕北山区清涧县一个贫困的农民家庭,七岁时因为家里困难被过继给延川县农村的伯父家。曾在延川县立中学学习，1969 年回乡务农，其间在农村一小学教过一年书。1973
年进入延安大学中文系学习。大学毕业后，任《陕西文艺》（今为
《延河》）编辑。1980 年发表《惊心动魄的一幕》，获得第一届全国优
秀中篇小说奖。

　　路遥在其《早晨从中午开始》一文中谈道："细细想想，迄今为
止，我一生中度过的最美好的日子是写《人生》初稿的二十多天。
在此之前，我二十八岁的中篇处女作已获得了全国第一届优秀中
篇小说奖。正是因为不满足，我才投入到《人生》的写作中。"①1981
年，应中国青年出版社副总编辑王维玲的约稿，路遥历时一年左
右，创作、修改、完成了长达十三万字的中篇小说《人生》。经过审
阅，出版社决定于 1982 年出版这本书。在出版之前，为了广泛地
听取广大读者的意见和建议，以便更好地修改完善这部难得的优
秀作品，王维玲在征得路遥同意后，决定将《人生》推荐给一家有影
响的大型文学刊物先行发表。经过深思熟虑，王维玲决定将路遥
的《人生》推荐给《收获》杂志发表。

　　小说《人生》写一个乡村高考落榜生的人生出路问题。高家村
高玉德的独生儿子高加林高中毕业没能考上大学，在公社的马店
学校当民办老师。当乡村民办老师成为他摆脱农民身份最现实的
途径，他希望有一天转为正式教师，进入商品粮世界。但同村四大
队书记高明楼，凭借自己村干部的身份，凭借与公社教育专干马占

---

① 　路遥：《早晨从中午开始》，北京十月文艺出版社 2012 年版，第 4 页。

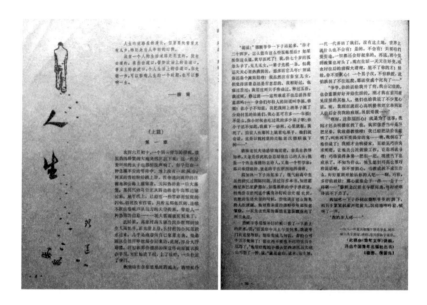

图 5-2　小说《人生》初刊文

胜的关系,硬是让刚刚高中毕业的儿子顶替了已干了三年民办教师的高加林。后来,高加林的叔叔高玉智,当兵几十年后转业到当地专署任劳动局长,高加林的命运因此出现转机,成为县委大院的通讯干事。但没过多久,高加林走后门参加工作的问题被地纪委和县纪委查实,高加林又回到了村里。作为一个高中毕业的乡村青年,他渴望城市的生活,也具备在城市工作的能力和水平,这是一种非常正常的心理。但是高考的落榜基本上堵死了他成为城里人的路径,由此也可以看到 20 世纪 80 年代初由乡而城的空间与机遇的有限性。对于高加林来说,"走后门"成为他能够"进城"的唯一可能,除此之外别无途径,而高加林也的确曾依此达成了愿望。

所以,这篇小说在直面中国城乡之间巨大差距的基础上,首先关注的是城乡青年人生机遇的不同。曾是同班同学,同为高考落榜生,高加林回到乡村,等待他的是务农;而城里的同学黄亚萍则凭一口流利的普通话到县广播站当了播音员,县城里的另一个同学克南则在县副食品公司当了保管员。农村人与城里人的身份在那个年代显示出巨大的人生差距,颇有以出身定终身的意味。曾在县城读过高中的高加林不愿再回到乡村,他渴望城市的生活。高加林的愿望无可厚非,但20世纪80年代初期城乡之间的鸿沟使他所有的希望都成为一种无法企及的奢望,所以小说提出的是一个20世纪80年代乡村青年人生出路的有限性的问题,是个人的发展被出身、身份牢牢牵制的问题,也是一个如何给乡村一代有能力的青年以人生希望的问题,而这些问题的提出在20世纪80年代前期的时代背景下都有其相当的现实意义。其次,小说直面的另一个社会现象便是权力运作对个体人生际遇的影响。正如小说中高加林民办教师的工作被顶替了,以及后来因叔叔在当地官场任职而得以到城里工作,其中都是权力运作的结果,而这一切似乎已成常态,"村里人对这类事已经麻木了,因此谁也没有大惊小怪。高加林教师下了当农民,大家不奇怪,因为高明楼的儿子高中毕业了。高加林突然又在县上参加了工作,大家也不奇怪,因为他的叔父现在当了地区的劳动局长"①。村里人的见怪不怪,恰恰说明对特权现象

---

① 路遥:《人生》,北京十月文艺出版社2012年版,第137页。

的接受和认同已成为一种普遍的社会心理。正因为由乡及城的机遇的极其有限性,这便给了权力运作的可能与空间。反过来说,社会流动性的受限,地域出身对人的牵制才会使人更多地产生对权力的迷信与崇拜,而高加林正是在这权力的运作游戏里形成了自己起起落落的人生遭际。这应该是同样来自乡村、同样渴望城市生活的作家路遥通过小说《人生》所想传达的最为重要的思考。

图 5-3　中国青年出版社 1982 年 11 月出版的《人生》初版本与 1985 年 1 月第 2 次印刷的版本

二

如果说路遥的小说《人生》触及的是一个关于城乡差别、身份差别、阶层差别,以及由此带来不同的人生际遇的社会现实问题,那么到了小说《平凡的世界》时,路遥跃出了这一视界,开始在直面这种差别事实性存在的基础上,更多地关注个体如何通过不懈地打拼和奋斗来改变自身命运处境,他将一种理想主义的精神注入笔下的人物身上。《平凡的世界》中的主人公孙少平参加了 1977 年的高考,但没有考上。高考失利的孙少平回到双水村成为一名民办教师,三年后学校初中班没能办下去,孙少平回到家中,但他始终没有放弃对外面世界的渴望。正是带着这种强烈的改变自身命运处境的渴望,孙少平离开了双水村,一步步地通过个人的打拼,从黄原城的揽工汉,到铜城矿务局大牙湾煤矿的工人。在已开始出现城乡二元对立关系的时代,孙少平艰难地寻找着自己的生存空间。可以说,在《平凡的世界》里,路遥力图为乡村青年树立一个正面的典型,一个充满励志精神的形象,一个具有理想主义色彩的奋斗者。不只是孙少平,作品中的那些如孙少平一样来自乡村、没有考上大学又渴望进步而奋斗的青年都具有这样的时代意义。路遥通过对他们的人生奋斗历程的讲述,试图诠释 20 世纪 80 年代社会变革中"向城而生"的乡村底层青年的精神价值之所在。

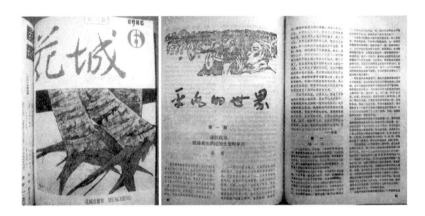

图 5-4　小说《平凡的世界》发表于《花城》1986 年第 6 期

可以说,《平凡的世界》最让人触动的是在那个社会转型的时代背景和氛围下,展现了一群不愿按部就班、循规蹈矩生活的青年人形象。不论是本可以得到身处官场的父母关照的田晓霞、田润叶、田润生、李向前,还是来自乡村只能靠自己打拼的孙少安、孙少平、金波等,他们都不愿意过"安分守己"的生活。每个人都不愿按那种基于出身、家庭、门第等条件所形成的既成的生活方式生活,哪怕不合成规,不合乡俗,甚至有违纪律也不管不顾。到青海参军的金波因与当地藏族姑娘恋爱而被迫提前转业离开了部队,但他没有半点怨言;双水村支部书记田福堂的儿子田润生不顾父母的极力反对,与带着孩子的寡妇郝红梅生活在一起,同样是因为在他眼中,这个人才是他最心爱的女人;市委书记的女儿、大学毕业后在省报当记者的田晓霞,却将初恋与真情给予了一贫如洗的打工仔孙少平;双水村支书的女儿田润叶不愿接受父母指定的与地委领导的儿子李向前的婚约,而是一直将感情寄予乡村农民孙少安;地委领导的公子李向前也不愿接受父母的安排到机关里当干部,而是从事自己喜爱的开卡车的职业。《平凡的世界》里所着重描绘的这些不论是在乡村还是在城市的青年,都是一群不安分的青年,他们不论是对工作的选择,还是对爱情的追求,都坚守着自己内心的那份执着,都想真正地活出自我,哪怕头破血流也在所不惜,这可以说是小说最动人的地方,而这也是 20 世纪 80 年代中国社会释放出来的最为重要的发展动力与精神信念。

小说《人生》真切地写出了 20 世纪 80 年代乡村知识青年对城市生活的渴望。路遥是在陕西礼泉县的一个县委招待所里完成了《人生》的创作,而县城也正是小说中主人公高加林所期盼的生活所在。对于 20 世纪 80 年代的农村青年来说,县城承载着他们对城市生活的向往与渴念;对于他们来说,进入县城生活是最高的奋斗目标。进入县城生活,意味着身份的巨大转变,由"农村人"变为"城里人",才有机会接触和享受现代化所带来的便捷与丰富,而乡村只与劳作、温饱相关,被阻隔在了现代化生活之外。正因为如此,我们才能在以《人生》为代表的 20 世纪 80 年代作品中,读到彼时乡村青年面对城市生活的那种深深的渴望。

第六章 《这是一片神奇的土地》：20 世纪 80 年代的北大荒叙事

　　《这是一片神奇的土地》是梁晓声创作的短篇小说，初刊于《北方文学》1982 年第 8 期。该作在 1982 年获全国优秀短篇小说奖。

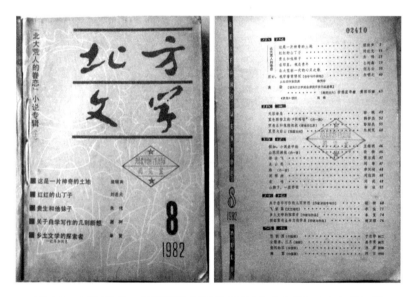

图 6-1　小说《这是一片神奇的土地》发表于《北方文学》1982 年第 8 期

在小说《这是一片神奇的土地》中,作者以第一人称的方式,讲述了"我"、小妹、副指导员李晓燕、"摩尔人"王志刚等知青在北大荒拓荒的故事。在鬼沼、狼群、出血热等危险的威胁下,这些带着理想主义激情的知青与凶险的大自然展开了殊死的搏斗,最终除"我"之外的三名知青献出了自己年轻的生命。小说极力渲染了一种悲壮的氛围,将战斗在边荒的知青们作为理想主义的献身者进行塑造,这样的知青书写在 20 世纪 80 年代的文学中极具代表性。有学者指出:"《这是一片神奇的土地》其实是一个写给城市人看的浪漫故事。它写了荒原和冒险,写了荒原冒险中的爱和死。无边的荒原和城市中拥挤的建筑、神秘的冒险和城市人机械的起居都形成一种强烈的反差,因而这类故事永远对城市读者具有魅力。这种阅读唤醒了城市人对遥远蛮荒的向往,唤醒了人对自己生命故乡隐隐的记忆,人们本能地感到喜悦和满足。这可能是梁晓声这篇小说当时受到特别喜爱的心理原因。"①

一

梁晓声以知青文学创作而闻名于 20 世纪 80 年代。知青文学是中国当代文学创作中一类具有特定意义内涵的文学作品,它与中国当代发展史上的知青运动紧密相连。中华人民共和国成立后,为了解决城市就业问题,从 20 世纪 50 年代中期开始就组织城

---

① 李书磊:《〈这是一片神奇的土地〉文化测量》,《文学自由谈》1989 年第 3 期。

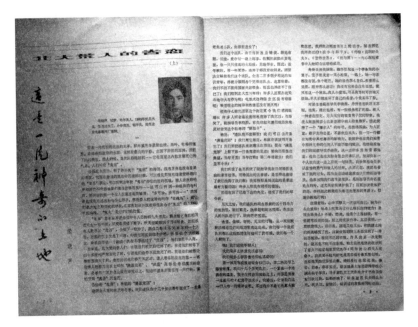

图 6-2　小说《这是一片神奇的土地》初刊文

市中的年轻人移居到农村,尤其是到边远的农村地区建立农场。1953 年《人民日报》就此发表社论《组织高校毕业生参加农业生产劳动》。1955 年 12 月,毛泽东在为《在一个乡里进行合作化规划的经验》一文的"按语"中写道:"这也是一篇好文章,可作各地参考。其中提到组织中学生和高小毕业生参加合作化的工作,值得特别注意。一切可以到农村中去工作的知识分子,应当高兴地到那里去。农村是一个广阔的天地,在那里是可以大有作为的。"最后的那句话,成为上山下乡运动中传播最为广泛的宣传语。从这一年开始,共青团开始组织农场,鼓励和组织年轻人参加垦荒运动。

1968年12月22日,《人民日报》头版头条"编者按"中传达了毛泽东的最新指示:"知识青年到农村去,接受贫下中农的再教育,很有必要。要说服城里干部和其他人,把自己初中、高中、大学毕业的子女,送到乡下去,来一个动员。各地农村的同志应当欢迎他们去。"大规模的知青上山下乡运动就此拉开序幕,直到"文革"结束才逐渐降温。

知识青年上山下乡运动前后持续了二十多年。新时期以来的知青文学正是由这些有知青经历的作家所带来的,比如史铁生、叶辛、梁晓声、张承志、张抗抗、陆星儿等,他们大多以自己的知青经历和见闻为素材,记录了知青一代人坎坷的命运以及他们的青春年华,同时也使得知青文学成为中国当代文学发展史上较为特殊的一页。知青文学是对知青一代人命运遭际的记录,同时也是对知青一代人青春成长的书写。知青一代可以说是共和国发展史上人生经历最为坎坷的一代,同时在他们这一代人身上,也留下了最为鲜明的时代政治运动的印痕。知青群体中最为突出的便是所谓的"老三届",他们是共和国的同龄人,是中华人民共和国成立后十七年新中国教育体制下成长起来的一代。正因为如此,知青文学中的成长叙事有一种特殊的意味:这些作品既是这批共和国同龄人青春成长的记录,同时也是对中华人民共和国成立后50—70年代一系列社会运动的见证与反思。

梁晓声是当代作家中专注于知青文学创作最为执着、热忱的一位。以《这是一片神奇的土地》《今夜有暴风雪》《雪城》《年轮》等为代表的知青小说,成为记录和见证一代知青青春热血与跌宕命运最为生动的文本。与其他作家相比,梁晓声的知青小说中总是高扬着一种英雄主义与理想主义的情怀,他以慷慨激昂的叙述风格为知青一代的人生经历涂抹上了一层悲壮的色彩。梁晓声的这种知青小说的叙事风格及基调的形成,与其本人强烈的知青情怀有着密切的关联。梁晓声 1949 年出生于黑龙江哈尔滨市,是典型的共和国"同龄人"。1966 年他恰好年满十七岁,初中毕业于哈尔滨市第二十九中学。1968 年梁晓声响应中央号召赴北大荒插队,在沈阳军区黑龙江生产建设兵团第一师第一团先后当过农工、小学教师、报道员。1974 年被团木材加工厂推荐上大学,进入复旦中文系创作专业学习。1977 年毕业后被分配到北京电影制片厂任编辑。1988 年调至中国儿童电影制片厂当编剧,后任教于北京语言大学人文学院中文系。梁晓声于 1979 年开始发表作品,著有短篇小说《天若有情》《白桦树皮灯罩》《死神》,中篇小说《人间烟火》,长篇小说《浮城》《一个红卫兵的自白》《从复旦到北影》《雪城》等。短篇小说《这是一片神奇的土地》《父亲》及中篇小说《今夜有暴风雪》分别获全国优秀小说奖。

很多知青有过参加红卫兵运动的经历,这种身份也铸就了知青身上尤其是在"老三届"身上非常鲜明的理想主义与英雄主义相交织的气质与情怀。这种特有的气质某种程度上甚至成为一种无法割舍的信仰与宿命。这种叙述路径在梁晓声的知青小说中显得尤为突出,成为他所创作的知青题材小说无一例外的叙述支点。

小说《雪城》与《年轮》着重对知青返城后的人生境遇进行了描述，梁晓声侧重呈现的是上山下乡的人生磨难在知青身上的沉淀，以及由此而形成的独特的为知青所有的气质与性格。小说《雪城》以曾在黑龙江兵团担任过营指导员的女知青姚玉慧为主线人物，着重讲述了其战友王志松、郭立强、徐淑芳、刘大文等知青返城后的种种人生状况。

图6-3　长篇小说《雪城》于1986—1988年在《十月》杂志上连载

梁晓声十分注重凸显历史的悲怆印迹在知青身上的存在，这种存在成为知青的品格标志。由此，梁晓声努力去呈现知青的群体性特征，如同生死战友一样，知青经历成为不同个体之间最为直接的认同。梁晓声显然赋予了知青群体高洁的道德情怀,这种道德情怀甚至成为作者批判现实的一个重要视角。在梁晓声的这些返城知青小说中,作者突出地描写了知青群体与所在城市现实环境的冲突,同时也着重写出了没有过上山下乡经历的年轻一代对知青群体的排斥和歧视。而在这种冲突中,梁晓声常常将与知青所对立的现实社会环境以及非知青社会群体置于受批判的地位,这形成了梁晓声知青小说中历史评判的道德视点。除返城题材的小说外,在回叙知青兵团生活的作品中,梁晓声也为曾经岁月的沧桑生活注入了强烈的悲情与庄严的色彩。

二

作为有着在黑龙江生产建设兵团拓荒经历的梁晓声,在其文学作品中力图为一代知青的蹉跎人生进行辩护和证明情有可原,但过度地渲染知青人生的英雄主义情怀以及理想主义的悲壮性,必然会带来对知青上山下乡运动这一历史事件评判的迷失。梁晓声突出的是知青战天斗地的悲壮情怀;在知青返城后境遇的描述中,梁晓声又重点突出了知青群体与处在城市社会环境及其生活方式的对立与冲突。这样的历史叙事模式,使得梁晓声的知青文学带有更多为在"文革"时代付出青春热血的一代人进行证明和辩护的意味。但这样的证明,除了通过悲情叙事的渲染外,很难在合历史理性的层面上获得有效的支持;而基于同样的原因,梁晓声的作品缺乏了一种对历史的深层批判意识。

在中国当代的知青文学作品中,着意表达青春无悔主旨的不在少数,这在梁晓声、史铁生、张承志、叶辛、孔捷生等人的知青文学创作中表现得尤为突出。从个人的人生价值与青春成长证明来看,这样的精神诉求无疑是无可厚非的。可以说,在中华人民共和国成立后成长起来的几代人中,知青一代最有激情也最具理想主义色彩,其信仰的狂热、执着、坚定以及为理想而献身的果敢没有其他哪一代人可以与之相提并论。知青也是在他们青年时代为自己的青春理想付出最多的一代。与"文革"后成长起来的一代代人的青春年华相比,知青一代无疑承受了太多的坎坷与磨砺。所以,当众多有着上山下乡经历的知青作家在他们的作品中传递出青春无悔的呼喊时,这在情理上是十分自然的。正如一位1968届初中生对自己当年在内蒙古兵团当知青经历的回顾:"八年以后,我离开兵团回到北京。经常的知青聚会活动中,我不再是最热情、最活跃的分子,而常常只是坐在一边,听别人说。直到有一天,像是突然发现,我们的孩子已经长到了我们当初下乡的年龄,我才禁不住又一次热泪盈眶,感慨万千。我想起了我的十五岁,我一遍又一遍地问自己:可曾圆了我十五岁的少年梦? 至于我们的孩子,他们无疑比我们当年幸运、幸福得多;可是,我也并不认为自己不幸,并不觉得我们那一代人就生不逢时。因为,人无法选择生活本身,但可以选择生活态度,我的青春诚然是在内蒙古的沙漠里度过的,但我年轻的心没有哪一天不是认真、诚实的,我没有辜负自己的生命。

因此，我的青春无悔。"①

　　与此同时，我们也看到，不少有知青经历的作家与学者表达了对这种"青春无悔"声音的质疑。长期从事知青文学创作与知青文学研究的学者郭小东对此有过这样的表述："确实，知青后状态在20 世纪 80 年代知青文学中，演绎出了新的文学主题：知青们昂首回城了，可生活更为严峻。他们再度自我放逐的结果是，他们被时代、被城市抛弃了。处在人生的每一个关键时刻，他们仿佛都扮演了弃儿的角色。被抛弃感重重地弥漫于知青后状态的文学主题中。但他们尽管如此，仍然无怨无悔，努力演绎着一个相反的结论：青春无悔。这种调式几乎统治了 20 世纪 80 年代知青文学的主题，主题内涵的矛盾与复杂所昭示的是什么呢？可以青春无悔的永远是知青中的少数人、少数成功者，自然包括知青作家们。对于绝大多数生存于严峻的社会底层而又缺少竞争能力的知青而言，所谓在该长身体时遇到三年困难时期，在该读书时遇到十年动乱，在结婚生育时遇到国家实行独生子女政策，招工进厂后工人已经不吃香了……要他们保持并认同青春无悔的平静心态是极不公允的。"②

　　梁晓声的《这是一片神奇的土地》是 20 世纪 80 年代文学作品中，一篇较早的围绕北大荒而展开叙述的作品，它将这块地处东北

---

① 黄新原：《五十年代生人成长史》，中国青年出版社 2009 年版，第 141 页。
② 郭小东：《中国知青文学史稿》，北京十月文艺出版社 2012 年版，第 204 页。

的土地带到了人们的阅读视野之中,由此也打开了北大荒文学的序幕。在新中国的建设历程中,北大荒有其特有的地位,成为当代中国人艰苦奋斗、勇于开拓精神的重要承载;而北大荒的持续开发,也使得这片土地成为军旅文化、知青文化、移民文化和黑土文化的融合地。20世纪80年代北大荒的叙事从这片神奇的土地展开了。

第七章 《黑骏马》:20 世纪 80 年代张承志的寻根之旅

  《黑骏马》是当代作家张承志所创作的一部中篇小说,初刊于《十月》1982 年第 6 期,获 1981—1982 年全国优秀中篇小说奖。

图 7-1　小说《黑骏马》发表于《十月》1982 年第 6 期

一

小说《黑骏马》以辽阔壮美的大草原为背景,以一首古老的民歌《黑骏马》为主线,描写了蒙古族青年白音宝力格的成长历程,讲述了他和索米娅朦朦胧胧的爱情故事。小说《黑骏马》以舒缓的节奏、优美的笔法,再现了草原民族的风俗人情,歌颂了草原人民善良与纯厚的品质。小说的主人公白音宝力格年幼丧母,父亲把他送到草原上的一位慈祥的老额吉身边抚养。老额吉的孙女索米娅与白音宝力格同岁,两人在老额吉的关爱下一起玩耍,一起长大,两个年轻人之间也渐渐地产生了一种爱恋的情愫。但是在十七岁的白音宝力格离开草原到旗里学习期间,索米娅被草原上的一个无赖强暴后怀了身孕。回来后得知真相的白音宝力格愤怒异常,对老额吉和索米娅也有所抱怨,最后他带着爱情梦想破灭的失落心情离开了草原。多年后,已是城里人的白音宝力格重回草原,这时老额吉已经去世,远嫁的索米娅依然守着草原,承受着生活的重压。

可以看出,小说《黑骏马》饱含着作家张承志浓浓的草原情怀。张承志于1968—1972年在内蒙古乌珠穆沁插队,当了四年的牧民,这一段草原的生活经历给张承志带来了很大影响,他早期的作品正是从草原书写开始的。1978年发表处女作《旗手为什么歌唱母亲》,获1978年全国优秀短篇小说奖。同年考入中国社会科学

图 7-2　小说《黑骏马》初刊文

院历史语言系学习,研究蒙古族及北方诸民族的历史。之后张承志陆续发表中篇小说《北方的河》《黑骏马》《黄泥小屋》,长篇小说《金牧场》等。其中《黑骏马》《北方的河》分别获得 1981—1982 年和 1983—1984 年全国优秀中篇小说奖。1984 年,他用文学的形式写了一部宗教史《心灵史》。

　　草原是张承志作品中重要的书写对象,其中沉淀着他关于文化、信仰、生命等诸多层面的思考。有学者指出:"张承志写草原是自觉的。他作为下乡知青来到草原插队,是草原以母亲般的胸怀无言地接纳了他,是草原以独特的秉性教会了他思考和生活。在

图 7-3 张承志小说《北方的河》发表于《十月》1984 年第 1 期

经历了一个由拒斥到亲和的过程之后,最终他的精神被神奇的大草原所俘虏。张承志总是不断感悟和寻找作家的主体精神与自然契合,他一方面拜倒在大草原的脚下,另一方面又在高扬主体精神,在人与自然的对话中祭奠失落的青春,寻找理想的'金草地'。从《骑手为什么歌唱母亲》到《黑骏马》,多年之后,又写《金草地》,他把草原写了又写,把草原情结发挥得淋漓尽致。"①

----

① 冯小萍、欧艳婵:《论张承志的草原系列小说》,《湖南城市学院学报》2006
　年第 1 期。

二

小说《黑骏马》无疑是一部充满着内在精神张力与象征意蕴的作品。在很长一个时期,中国城乡之间的巨大差异以及二者之间空间上的相对封闭,使得由乡而城的流动十分有限。其中,通过读大学离开乡村而变身为城里人是乡村青年除参军入伍外最为可能的方式。这种转变使得离开者有了将故乡作为审视对象的可能。《黑骏马》中的主人公白音宝力格后来正是因到城里读大学而离开了草原,离开了额吉,离开了他爱恋的索米娅。多年后,当他再回到草原,他才对这块在年少时曾经让自己失望、茫然甚至愤懑的大地有了真切的体认:"我离开她整整九年。我曾经那样愤慨和暴躁地离她而去,因为我认为自己要循着一条纯洁的理想之路走向明天。像许多年轻的朋友一样,我们总是在举手之间便轻易地割舍了历史,选择了新途。我们总是在现实的痛击下身心交瘁之际,才顾上抱恨前科,我们总是在永远失去之后,才想起去珍惜往日曾挥霍和厌倦的一切,包括故乡,包括友谊,也包括自己的过去。"[①]

与张承志《黑骏马》有着相似的结构模式与思想意蕴的是莫言发表于 1985 年的小说《白狗秋千架》。小说讲述的是一个离乡十年的读书人回乡与昔日恋人暖重逢的故事。在这篇小说中,"我"离开故乡的原因同样是到城里读大学。十年后,早已大学毕业并

---

① 张垛鑫编:《张承志代表作》,黄河文艺出版社 1988 年版,第 189 页。

留校任教的"我"又一次回到了故乡，而当年的恋人暖因在一次意外事故中瞎了一只眼而委身嫁给了村里的一个哑巴，一如《黑骏马》中索米娅后来嫁给了草原上的酒鬼黄毛希拉。可以看到，在这两部作品中，主人公都是通过上大学而离开了乡村，再回到故土时，他们对故乡、往昔、乡亲、青春年少时的爱情都有了全新的体认。这种因读大学而离开又归来的情节结构成为一种有意味的叙事模式，成为20世纪80年代乡土叙事中一种带有寻根意味的表达。值得关注的是，20世纪80年代文学作品中有关乡村的这种离开又归来的叙事模式同样与五四时期的文学有所不同。在五四时期，以鲁迅为代表的诸多乡土小说中，故土乡村常常成为再次归来的离开者揭露和批判蒙昧不觉悟的国民劣根性的空间所在；而在20世纪80年代的文学中，离开者再次回到故土乡村时，常带着一种感恩、愧疚的情感，乡村成为寄放自己最珍贵、最难忘、最割舍不下的记忆之所在。其中的分歧恰恰体现了五四文学与20世纪80年代文学对传统文化不同的书写立场。

第八章 《美食家》:20 世纪 80 年代文学中的饮食书写与美食记忆

中篇小说《美食家》是陆文夫的代表作,初刊于《收获》1983 年第 1 期。该作品获 1983—1984 年全国优秀中篇小说奖。

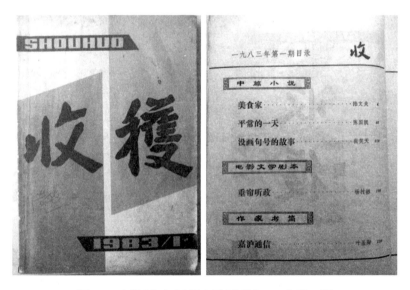

图 8-1 小说《美食家》发表于《收获》1983 年第 1 期

《美食家》讲述了革命干部高小庭和资本家朱自冶四十余年的浮沉纠葛,从一个特殊的角度解剖了近半个世纪的中国社会生活,反映了时代的变迁和人们价值观念的变化。《美食家》的发表,标志着世俗生活回到了文学当中,为20世纪80年代的文学打开了新的叙事疆域。1985年由上海电影制片厂改编拍摄成同名电影,由徐昌霖执导。

图8-2 小说《美食家》初刊文

一

饮食书写在中国现代文学中有着突出的表现。鲁迅作品中描写饮食虽不多,但每每谈及,颇能呈现浓浓的绍兴当地特色。如《社戏》中写到看戏归来偷罗汉豆吃的情节,《孔乙己》中的茴香豆。《在酒楼上》的"我"在名为"一石居"的酒楼上点了一斤绍酒、十个油豆腐,还点评道:"酒味很纯正;油豆腐也煮得十分好;可惜辣酱太淡薄,本来 S 城人是不懂得吃辣的。"(注:S 城即指绍兴)《幸福的家庭》里写到一道菜为"龙虎斗",因江浙人不吃蛇和猫,便将食材改用蛙和鳝鱼。可以看到,鲁迅作品中谈及饮食,不论是食材还是口味抑或是烹饪法,都有着十分鲜明的浙东当地菜系的色彩。在现代作家中,对中国饮食文化有深入而全面书写的是梁实秋,其代表作是《雅舍谈吃》。梁实秋是中国现当代著名的散文家、学者与翻译家,是 20 世纪 30 年代新月派的重要代表人物,其小品文堪称中国现代散文中的精品,举凡琴棋书画、衣食住行尽收笔端;温婉平和的叙述中,把一种典雅而精细的生活情趣展示得淋漓尽致,同时也体现出一种闲适、淡泊宁静的人生姿态。散文集《雅舍谈吃》中收录了梁实秋谈美食的近百篇文章,《烧鸭》《锅烧鸡》《爆双脆》《乌鱼钱》《满汉细点》《佛跳墙》《西施舌》等。写的是舌尖上的味道,呈现出的是数千年中国文化的底蕴,同时也把作家浓浓的故乡情谊及家国情怀书写了出来。现代文坛上另一位小品文大家周作人也有多篇文章专述饮食,《故乡的野菜》《北京的茶食》《窝窝头的历史》《吃茶》等都是其论及饮食的名篇。

但在 20 世纪 50—70 年代的文学作品中,有关"吃"的描写被赋予了鲜明的政治色彩。在这一时期的作品中,一方面吃香喝辣成为对反面人物的形象化描绘;另一方面,忆苦思甜成为正面人物的一种革命性的表现。可以看到,这一时期的文学艺术作品中,不论是小说、电影还是戏剧等,饮食具有了阶级性。好吃、贪吃、吃好的思想和行为被视为是落后的、反动的、丑陋的、罪恶的。赵树理小说《"锻炼锻炼"》中讽刺了一个贪吃的落后农村妇女,给她起的绰号叫"吃不饱";有关地主刘文彩的故事叙述中,他在吃的方面的讲究和奢靡,成为表现他反动性的重要方面;小说《林海雪原》中,土匪首领坐山雕于除夕时大摆百鸡宴,众土匪齐聚一堂,成为整部作品叙事的高潮,最终被杨子荣带领着解放军一网打尽。可以说,在20 世纪 50—70 年代的文学作品中,"吃"有着鲜明的阶级属性与内涵,对饮食的喜好具有了划分阶级阵线的意义。这一时期的革命历史题材文艺作品中,推杯换盏、大鱼大肉常常成为描绘反面人物生活的典型场景,而吃糠咽菜、忍饥挨饿则成为描绘革命战士与革命群众日常生活景象的常态。

同时,省吃俭用成为一种革命的、高尚的品质和境界。如柳青的小说《创业史》中写梁生宝进城买种子时,着重写了他为了给大家节约开支,舍不得进城里的小饭馆吃饭,一路上全靠自己带的干粮充饥。"吃苦"的革命性的形成来自红色革命叙事的打造,在对革命战争历史的叙述中,"吃得了苦""吃的粗而简"不仅是作家笔下革命者们的日常生活场景,同时也是一种革命品质的体现。在有关长征故事的叙述中,吃野菜、剥树皮、煮皮带成为十分典型的细节和场景。忆苦思甜成为这一时期对民众进行思想教育、革命教育的一种重要的手段和方法。对省吃俭用的提倡,一方面来自优良革命传统的继承,另一方面也源于这一时期整个社会生活水平较低、物资供应匮乏的事实。

进入 20 世纪 80 年代,中国当代文学中的饮食书写终于褪去了阶级的色彩,回归其本色,谈吃、谈美食又成为作家可以正面书写的题材与内容。具有展现新时期农民新变化和新面貌标志性意义的高晓声的小说《陈奂生上城》,正是从"吃"入笔,通过叙述农民陈奂生进城卖油食的经历,写出了进入新时期中国农民的物质生活及精神面貌上的变化与特征。而陆文夫的《美食家》堪称 20 世纪 80 年代小说中书写饮食文化的经典之作。小说在 50—80 年代的时间背景下,讲述资本家出身的朱自冶"吃"的故事,在风云变幻的政治斗争年代里,贯穿着的是主人公朱自冶对美食始终不变的执着。美食沉淀着苏州这座城市的历史记忆,也承载着往昔岁月里上层社会生活的某种意味。朱自冶以对美食的沉醉,游离于五六十年代的社会主义改造之外,也终在进入新时期以后的社会变革中找到了安放自己美食情怀的天地。汪曾祺也写有谈饮食的散文《五味》《故乡的食物》《家常酒菜》《萝卜》《豆腐》等,其中体现出的不仅是作家对于饮食的特殊记忆,更重要的是透露出了进入新时期之后,曾经承受政治风云的一代作家走出阴霾后的那种轻松愉悦的心境。

二

陆文夫能写出《美食家》这部作品,与他的生活经历有着密切的关联。陆文夫是江苏泰兴人,初中毕业后来到苏州,就读于苏州高级中学。"我十七岁的时候到苏州读书,学生时代无钱,进不了高级餐馆,领略不了苏州美食的风味,可是穷学生都知道小吃,鸡鸭血汤、豆腐花、油氽臭豆腐、桂花酒酿圆子、小馄饨……这些东西价廉物美,也是苏州美食中的一个系列。我首先熟悉了这个系列,留下了十分美好的记忆,它们曾多次出现在我的小说里。"①1948年高中毕业后,陆文夫赴苏北解放区参加革命,分配至华中大学干部训练班学习。1949 年随军南下苏州,任新闻记者八年。"1949年以后,我在苏州做新闻记者,后来又当专业作家,因而有机会去参加一些宴会和朋友们聚餐,这时候才闯进苏州美食的天堂,大吃一惊,大为惊异,人间居然有如此的美味!在一次盛大的宴会上我吃遍了苏州的名菜、名点,一顿饭足足吃了四个钟头。如果说这是一次对苏州名菜大检阅的话,以后还有许多细细观摩的机会。我与苏州的三位老作家周瘦鹃、范烟桥、程小青成了忘年之交,常常相约聚餐,他们是真正的美食家,手里又握着一支生花的妙笔,饭店以他们能来吃饭为光荣,厨师经他们称赞后便身价百倍。我们总是提前两天通知饭店,等我们一到,饭店的经理、厨师、服务员早

---

① 王尧编:《陆文夫研究资料》,人民文学出版社 2016 年版,第 399—400 页。

已在店堂里恭候。三位老作家从来不看菜单也不点菜,总是对厨师说:'今天就看你的喽。'厨师们使出浑身解数,像通过技术等级考试似的,每上一道菜都要来征求意见,问问三位老先生,这菜和他们曾经吃过的有何区别,是好些呢,还是差一点。"①

图 8-3　小说《美食家》纪念珍藏本②

　　陆文夫与周瘦鹃等作家的交往,使得他得以窥见民国文人的生活方式,这为他写出《美食家》奠定了基础。"这时候我才真正懂得了一点吃的艺术,可惜从此以后便失去了欣赏此种艺术的机会。中国遭遇了三年困难时期,我也不得不去找些南瓜来为家人充饥。以后发生了'文化大革命',吃的艺术被送给了资产阶级。苏州菜

① 王尧编:《陆文夫研究资料》,人民文学出版社 2016 年版,第 399—400 页。
② 《美食家》纪念珍藏本在 2005 年由古吴轩出版社出版,插图由张晓飞所绘。

又变成了大锅菜，谁讲究吃喝便要挨批，美食家们都转入地下，偷偷摸摸，窝窝囊囊。粉碎'四人帮'后又卷土重来，人们仿佛要把那失去的机会统统吃回来似的。随着人民生活水平的提高，各种各样的人，从各种不同的层次上加入了美食家的行列，一股吃喝之风在全国兴起，使得我这个曾经窥视过美食天堂的人也瞠目结舌。这时候我想起了一个人，即我在《美食家》中写到的朱自冶，一个好吃的公子哥儿，50年代初期我曾经住在他家里，每天都看见他坐着黄包车出去吃东西，他的身世和生活方式大体上和我所写的差不多，只是以后便失去了联系。但是我可以想象得出来，这个曾经被我鄙视过的落难公子肯定又神气起来了，英雄又有了用武之地，我们曾经革过他的命，只是在革命的时候忘记了人们首先是要吃饭，而且要吃得好点，再好点……结果是革命给朱自冶创造了条件，使他从一个饕餮之徒上升到美食家的地位。我怀着无可奈何与哭笑不得的心表写下了《美食家》，目的是希望人们不要忘记人的本性，古时与孟子同时代的告子就了解：'食色，性也。'同时也希望人们注意，对美食的追求也不能超过国家的经济发展。"①

《美食家》的影响是深远的，正如有学者所评价的："此前，'美食家'一词尚未出现在汉语中；此后，这语词不胫而走，在民间广为流行，特别是对于那些津津乐道于'民以食为天'者，'美食'及'美

---

① 王尧编：《陆文夫研究资料》，人民文学出版社2016年版，第400—401页。

食家'也就成了他们的口头禅。"①进入 20 世纪 80 年代,中国人的餐桌食物开始充实了起来,偶得美食,人们也十分愿意和亲朋一起团聚分享,在这种分享中也放大了那种最淳朴而真实的快乐。美食对 20 世纪 80 年代来说,是那时人们幸福记忆的重要承载,从这个意义上来说,小说《美食家》呈现的不只是苏州饮食之美,而是一整个时代的民众食之丰美而获得欢愉的凝结。

---

① 赵宪章:《形式美学之文本调查——以〈美食家〉为例》,《广西师范大学学报》(哲学社会科学版)2004 年第 3 期。

第九章 《绿化树》:20 世纪 80 年代知识分子对"昨日"经历的叙述

中篇小说《绿化树》,作者张贤亮,初刊于《十月》1984 年第 2 期,作品获第三届(1984 年)全国优秀中篇小说奖。

图 9-1 小说《绿化树》发表于《十月》1984 年第 2 期

一

《绿化树》讲述的是一个知识分子遭受坎坷与磨难的故事。这是 20 世纪 80 年代文学中作家关于自身"昨日"经历的一个十分流行的表达,同时这部作品中也包含着作家张贤亮自己丰富的人生体验。张贤亮生于南京,祖籍是江苏盱眙,后到北京读书。20 世纪 50 年代中期,高中还没有毕业的张贤亮到甘肃省贺兰县(今属宁夏)的农村当一名文书。1957 年,张贤亮因诗作《大风歌》受到运动冲击,从此开始下放劳动。1976 年,张贤亮集中精力阅读了马克思、恩格斯、列宁的主要经典著作,他反复读《资本论》,写了二十多万字的读书笔记。小说《绿化树》里对男主人公章永璘于改造之际阅读《资本论》的描写,就有着张贤亮自己的身影。在这一期间张贤亮读了不少政治经济学方面的书,相关理论文章也写了一些,但没有实质性的收获,也没有得到外界的认可。正在苦恼之际,有朋友力劝他转向文学创作:"你何不写写文学作品,引起人注意,好让你们农场尽快解决你的问题呢? 一语道破天机。我顿时茅塞大开,及时改弦更张,一晚上写了一篇四千字的小说——《四封信》,投寄给《朔方》。感谢《朔方》的编辑同志,很快就以头条位置把这篇小说发表了。《朔方》,在我再次走上文学的道路上起了关键作用。"①正是小说《四封信》的发表,使得张贤亮引起了时任宁夏回族

---

① 张贤亮:《满纸荒唐言》,《飞天》1981 年第 3 期。

自治区党委副书记陈冰的关注。在陈冰的帮助下,张贤亮从南梁农场被调到宁夏文联工作,正式结束了自己的改造生涯,成为宁夏回族自治区的第一位专业作家。

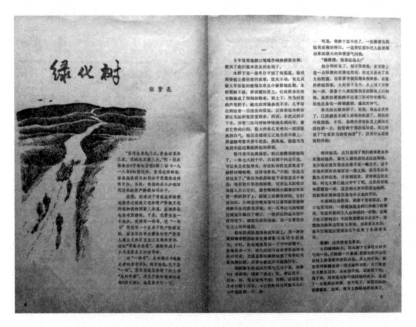

图 9-2 小说《绿化树》初刊于《十月》1984 年第 2 期

《绿化树》是 20 世纪 80 年代反思文学中的代表作,它不仅被看作是表现当代知识分子坎坷经历的作品,也被看作是彼时冲破人性书写的禁区、大胆描写男女情爱的重要作品。小说描写了从劳改农场释放出来到乡村参加监管劳动的章永璘所遭遇的一场爱情。他与乡村女子马缨花在物资匮乏、精神压抑的岁月里的真情流露与有限的温存,是作品叙事的一条重要线索。在作品有关章永璘坎坷人生遭际的叙述中,马缨花这一角色无疑是至关重要的。她的出现,对章永璘而言,不仅是一段"艳遇",更重要的是使得章永璘在"低头认罪"的岁月里,获得了来自"劳动人民"的肯定与认同。小说中,马缨花在与章永璘开始接触便心生好感和同情,这好感来自得知章永璘是个读书人而且还会写诗。面对章永璘与海喜喜两个男人,马缨花最终选择章永璘,也直接体现出对"文化人"的肯定和赞赏。知识、文化、诗歌,这些正是当初章永璘帽子加身的"祸根"所在,而这一切却在自己以"罪犯"的身份劳改时被马缨花所欣赏,这便使得马缨花对章永璘的爱具有了某种政治意味。马缨花对章永璘的同情,最大的意义是这种同情包含了对章永璘遭遇的同情。一个改造中的"问题"分子,在女性的温情中,首先感受到的是重新得到人民认可和接纳的欣慰,这欣慰使他真正获得了生的勇气与力量。章永璘从马缨花那里所获得的食物不仅使他虚弱的身体强壮起来,更重要的是他内心里那种备受委屈的处境得到了安慰与同情。而这种同情也可以看作是对男主人公政治上、品质上的一种支持和肯定,这便使得这里呈现的女性的关爱有了一种政治上的意义和内涵。也正因此,从马缨花这里得到这种"同情"与"认可"后,章永璘的内心里重新获得了一种强大感。正如他在与海喜喜的较量中一举获胜一样,知识分子面对普通劳动者的心理优势在这一过程中一并被唤醒,章永璘不再是一味地低头认错的人,而是有了一种傲视他人的资本与权利。这一点于章永璘而言无疑是至关重要的,政治生命的意义远高于物质生活的意义。

贯穿在《绿化树》中的另一条线索是章永璘与海喜喜之间的较量,这同样是充满着政治隐喻的情节安排和角色设置。他们俩一个是改造分子,一个是普通劳动者。在最初出场时,赶车的海喜喜对刚从劳改农场出来的章永璘无疑是充满极大的心理优势的。小说在接下来的叙述中,讲述了这种"优势"的转换。作为接受监督劳动改造的右派分子,章永璘本来应是向海喜喜这样的劳动人民进行"学习"和接受"教育",但当章永璘从马缨花那里得到体力的补充并获得"爱情"时,两个人的角色关系开始转换。海喜喜在体力上的对抗败给了章永璘,爱情上的角逐输给了章永璘,文化知识上更是先天不足,最初那政治身份上的优势也在马缨花感情的天平上变得无足轻重,海喜喜成为一个彻底的失败者。《绿化树》中,章永璘、海喜喜以及马缨花之间的关系,表面上看似乎是一个"三角恋"的关系,两个男人爱着同一个女人,但实质上,是不同政治身份造成的"强势"与"弱势"以及这种关系在一定条件下发生的转换。被马缨花的"同情"与"爱"而激活了的右派分子章永璘对自己政治身份的"自信",最终使他面对海喜喜时成了完全的胜利者。《绿化树》本质上不是一部爱情小说,而是一部有着丰富隐喻性内涵的政治小说。对章永璘而言,来自官方的平反要到 1978 年以后,但《绿化树》中呈现的这种"平反",在他们被迫劳动改造的时候就已经发生了。这"平反"的滋味正是从一个女性所施予的同情与爱中所获得的,而这也正是马缨花这一角色在作品中最为重要的意义所在。张贤亮于 20 世纪 80 年代创作的知识分子创伤叙事的小说中,特别注重通过女主人公之口来对男主人公身份进行重新的指认,"你是好人"常常是这种指认的终极指向。《灵与肉》中,张贤亮这样描述安心与右派分子许灵均过日子的四川姑娘李秀芝的心态:"什么右派不右派,这个概念根本没有进入她小小的脑袋。她只知道他是个好人,老实人,这就够了。"①在《绿化树》中,马缨花对章的爱,则直接与对读书人的尊重、对知识的敬重联系起来,"她从没有问过我看的是本什么书,为什么要念书,也没有跟我说那天晚上从我手臂中挣脱出来时,劝我'好好地念你的书吧'的道理。她似乎只觉得念书是好事,是男人应该做的事,是一种高尚的行为"②。在小说《土牢情话》里,看管犯人的女战士乔安萍爱上了被关押改造的男主人公石在,并且毫不怀疑地信赖他,有求必应地帮助他,而让乔安萍做出这样选择的前提是,她认定石在是一个"好人"。"现在我看清了,谁是好人,谁是坏人。"③而小说中描述的管理干部、武装连连长刘俊和王富海班长对单纯善良的乔安萍的欺诈与污辱,则无疑是对"谁是坏人"所做出的应答。在这里,谁是"好人",谁是"坏人"不仅包含着道德评判的成分,同时也是一种历史判断。张贤亮的这些创伤小说正是借助于这样一种方式完成了对历史的叙述与反思。"好"与"坏"、"忠"与"奸"是同情叙事模式

---

① 张贤亮:《灵与肉》,《张贤亮精选集》,北京燕山出版社 2015 年版,第 374 页。
② 张贤亮:《绿化树》,《张贤亮精选集》,北京燕山出版社 2015 年版,第 124 页。
③ 张贤亮:《土牢情话》,《灵与肉》,上海人民出版社 2012 年版,第 59 页。

的创伤小说中女主人公对"身边人"做出的
最质朴的判断。其中包含着20世纪80年
代右派作家历史叙事的语义指向,即通过
这种二元化的是非判断,完成了新时期文
学对"拨乱反正"这一宏大时代使命与主题
的呼应和书写。显然,同情叙事模式的右
派小说中的女性角色有着丰富的象征性内
涵。对作家而言,20世纪80年代是一个
倾诉和疗伤的过程,政治上终获"改正",有
一种重回人民怀抱的感慨与感动,所以,小
说中女主人公的善良、宽容和温情,某种程
度上是作家对国家、对人民、对历史心存感
恩的心理情绪的外化。正如作品中女主人
公所给予男主人公的同情与关爱一样,经
历坎坷的作家在政治上获得新生后收获了
同样的感触。同情叙事本身包含着感恩的
成分,不论这种感恩指向的是国家还是人
民,都隐在地包含和折射出刚刚回归文坛
的作家们彼时的政治心态。

**图 9-3　小说《灵与肉》
发表于《朔方》1980 年第
9 期**

二

《绿化树》对马缨花这一乡村女子形象的塑造无疑是十分成功的,给人留下深刻的印象;同时,这一形象的身上也包含着作家张贤亮对自己人生岁月中一些难能可贵的记忆的书写。1987 年张贤亮应邀参加由聂华苓夫妇主持的美国爱荷华大学国际写作中心成立二十周年纪念活动,在活动的演讲中张贤亮深有感触地讲道:"评论家说,我给文学画廊中增添了一系列光辉的妇女形象,说我刻画妇女和表现爱情有独到的艺术手法。我听了这些暗自发笑,因为我在四十三岁以前根本无法谈恋爱。可以想象,劳改营里是没有女人可作为恋爱对象的。直到三十九岁,我还纯洁得和天使一样。""虽然我身边没有女人,但我可以幻想。正因为没有具体的女人更能够自由地幻想。在黎明鸡啼的时候,在结了霜的土炕上,在冷得和铁片似的被窝里,我可以任意地想象我身边有任何一种女人,她被我抚摸并抚摸我。1979 年我在政治上获得了平反,我又有了创作和发表作品的权利,于是我就把以前的幻想写了出来。"①在 1999 年写下的长文《青春期》里,张贤亮讲自己当年改造期间获得批准从农场回北京探望母亲,但母子刚刚见面不久,便被"革命小将"们驱赶回农场。在离京返程的火车上,终日滴水未进的张贤亮饥渴难熬,而周遭都是对这个"反革命分子"充满敌意的目光。

---

① 张贤亮:《我的倾诉》,上海人民出版社 2013 年版,第 128 页。

夜幕降临时,一位坐在对面的少妇在昏暗的灯光下悄悄地把一个面包在桌下递给了饥肠辘辘的张贤亮。我们有理由相信,这段经历正是后来《绿化树》中章永璘从马缨花那里所感受到的异性之爱的所有灵感和体验的来源。也正因为如此,张贤亮在小说中对马缨花送给章永璘的那个热气腾腾的馒头上所留下的手指印这一细节做了精心的描绘;由此也明白了,为什么一个手指印会在章永璘的内心激起如此之大的波澜。张贤亮对自己改造期间遭遇的叙述,为作品中这一细节描写的来源做出了明确的注解。在《一切从人的解放开始——谨以此文纪念改革开放三十年》一文中,张贤亮记录了在 20 世纪 70 年代后期自己的另外两段"女人缘"。一次是1976 年的 11 月,张贤亮在宁夏的农场灌溉农田时,救起了一个骑车落水的女孩子。张贤亮时年四十岁整,一个改造分子,对方贫农出身,是村干部家的"千金小姐",刚刚年满十八岁。却因这次碰面,女孩子执意要嫁给张贤亮,最终还是因成分所碍,被家庭所阻。虽然只是一晃而过,但也留在了记忆深处。而这点记忆,在后来张贤亮的小说《灵与肉》改编为电影时也留下了印痕。张贤亮回忆道:"后来,谢晋要把我的小说《灵与肉》搬上银幕。拍摄《牧马人》之前,谢晋拿来一摞中央戏剧学院女学生的照片,让我挑选哪个像我小说中的女主人公。我一张张地翻,当翻到丛珊时,仿佛看到她的一点影子。'就是她了！'我说。"①在 1977 年，张贤亮过上了真正的"婚姻生活"。这一年，四十一岁的张贤亮与在同一生产队同被管制的"坏分子"同居了。"我戴有多重'帽子'，女方也戴有'帽子'，我们都属于'另类'，两人只要你情我愿，又不举办婚礼，也没资格举办婚礼，搬到一间土坯房住在一起，生产队长点了头就算批准，连法律手续也不需办。"②不过这次同居生活持续了不到一年，女方在 1978 年的大甄别中率先获得平反，很快被孪生兄弟接回了兰州老家，这段经历也便告一段落。而这一切，在小说《绿化树》中也有深刻的折射。

同样是在《一切从人的解放开始——谨以此文纪念改革开放三十年》一文中，张贤亮对 20 世纪 70 年代末的"思想解放"运动给予了高度评价："在中国思想史、文化史乃至中国整部 20 世纪史上，其规模及深远的社会影响，我认为大大超过五四运动。那不是启蒙式的、由少数文化精神举着'赛先生德先生'大旗掀起的思潮，而是一种迸发式的，是普遍受到长期压抑后的普遍喷薄而出；不仅松动了思想上的锁链，手脚上的镣铐也被打破，整个社会突然产生一种前所未有的张力。从高层和精英人士直到普通老百姓，中国人几乎人人有话说。更重要的是，那不止于思想上的解放，一切都

---

① 张贤亮:《一切从人的解放开始——谨以此文纪念改革开放三十年》，见《文人的另种活法》，时代文艺出版社 2013 年版，第 271 页。
② 张贤亮:《一切从人的解放开始——谨以此文纪念改革开放三十年》，见《文人的另种活法》，时代文艺出版社 2013 年版，第 271 页。

是从人的解放开始。没有人的解放，便没有思想的解放。所以，人
们将那个时期称为'第二次解放'，并且我认为那才是真正的'解
放'。"①张贤亮对"思想解放"运动的高度称赞，包含了自己的切身
感受，这也是历经劫难的个体重获"新生"后对历史的真切感知。
张贤亮的这种政治心态及心理感受，在平反后的作家中是极具代
表性的。正是带着这样的心理，复出后的张贤亮表现出巨大的政
治热情，他热切关注改革进程，关注时代变化，感知着时代的律动，
与时俱进，甚至在市场经济的大潮里"弃文从商"，成为一名影视公
司的董事长。

　　《绿化树》不只是对特殊岁月里一段情感的演绎，还沉淀着作
为知识分子的张贤亮对乡村以及乡村劳动人民的深刻体认，也正
是这种体认让他在成为一名知名作家后有了更多的社会担当。重
回文坛后的张贤亮不仅勤奋创作，而且积极参政议政。从1983年
开始，张贤亮连任全国政协委员，每次参会都认真撰写提案，认真
履行政协委员的职责，发挥参政议政的作用。张贤亮在一篇文章
中说道："作为一名政协委员，就不能辜负这一委托，在每年的政协
大会上，我都在此之前准备一个话题。一方面是为了在小组会或
小组联会上发言，另一方面借助媒体发表自己的见解，在我的视野
范围内，对我国改革开放的方方面面有所促进。我每次选择的议

---

① 　张贤亮：《一切从人的解放开始——谨以此文纪念改革开放三十年》，见
　　《文人的另种活法》，时代文艺出版社2013年版，第272页。

题都力求顺应潮流、与时俱进,并有一定的前瞻性。""参加了这么多届、这么多年全国人民政协会议,我不仅增加了参政议政的能力及水平,提升了政治洞察力,也增强了我对政治的兴趣,增强了对国家大事的关心与忧患意识,对个人来说,使我的生活和内心也更为充实及丰满。这是我一生中之大幸。"①

20 世纪 80 年代的文坛上,张贤亮因写下《绿化树》《男人的一半是女人》《灵与肉》等小说而闻名。但张贤亮并不是一个一味地让自己止步于沉思历史的作家。他在反思过往的同时,把目光转向了正在发生变革的当下。比如在写这些与右派经历有关的反思小说的同时,他也写下了《男人的风格》《龙种》等直面改革的小说。张贤亮在 1984 年写给作家李国文的一封信中就谈道:"作为一个当代中国作家,首先应该是一个社会主义改革者。我们自身具有变革现实的参与意识,我们的作品才有力量。如若我们自身缺乏变革现实的兴趣,远离亿万人的社会实践,我们就等于自己扼杀了自己的艺术生命。我们也就不能再从事这种职业了。"②张贤亮的参政议政热情以及对改革的热切期待,不仅体现在以政协委员的身份提交议案上,他还在改革的大潮中,从作家转身为一名商人。在 20 世纪 90 年代的"下海"热潮中,张贤亮成为"文人下海"的典

① 张贤亮:《参政议政应有一定的前瞻性》,见《文人的另种活法》,时代文艺出版社 2013 年版,第 53—54 页。
② 张贤亮:《当代中国作家首先应该是社会主义改革者》,见《文人的另种活法》,时代文艺出版社 2013 年版,第 12—13 页。

型,而这一转型的动力正是来源于 1992 年邓小平的"南方谈话"。用张贤亮自己的话说:"我认为作家要深入当前市场经济生活,最好的方式无过于亲自操办一个企业。"①张贤亮当时自己出资七十八万元创办了宁夏华夏西部影视城公司,公司基地在镇北堡,又称为"镇北堡西部影城"。

镇北堡是张贤亮当年下放劳动的地方。在小说《绿化树》里,张贤亮对这个地方进行了描写。谈及自己弃文从商的选择,张贤亮认为除了顺应时代潮流外,也与自身多年的相关准备有关:"最重要的还是我个人的市场经济思想准备和在青少年时期读了些书,多少具有一定的文化素养。在长达二十二年的劳改期间,除了'马恩列斯毛'的著作,是不允许读书的。但读书成了我的习惯,尽管环境恶劣,稍有闲暇总要捧本书看。马克思的《资本论》就一直陪伴我度过了那段艰辛的日子。这部巨著不仅告诉我当时统治中国的'极左'路线绝对行不通,鼓励我无论如何要活下去,而且在我活到改革开放后让我能大致预见中国政治经济的走向。"②对于下海的成绩和收获,张贤亮曾对自己作了这样的评价:"作为一个作家,'下海'的经历丰富了我的创作素材。""虽然近些年我在文学上似乎止步不前,但至少我为社会提供了二百多个就业机会,给镇北

① 张贤亮:《文人下海》,见《文人的另种活法》,时代文艺出版社 2013 年版,第 154 页。
② 张贤亮:《文人下海》,见《文人的另种活法》,时代文艺出版社 2013 年版,第 154 页。

堡西部影城周边农民每年提供五万个工作日,原来举目荒凉的地方被我带动成为繁荣的小镇,附近数千人靠我吃饭,这总使我感到自豪。"①

　　《绿化树》讲述的是一个往昔岁月发生的故事,是作家对一段过往经历的回首,但其中却有着一代知识分子对自己思想轨迹的深刻思考。作品主人公章永璘在马缨花、海喜喜等普通的乡村农民身上所得到的触动,成为他于心灵感悟人民性的一种重要体会,而 20 世纪 80 年代的知识分子也正是在这样的叙述中让自己真正地回到了人民中来。张贤亮没有让这个故事只定格在昨天,他通过在镇北堡创办宁夏华夏西部影视城公司,让《绿化树》中的故事有了时代的延伸。

---

① 张贤亮:《文人下海》,见《文人的另种活法》,时代文艺出版社 2013 年版,第 159 页。

第十章 《棋王》：20 世纪 80 年代文学的传统文化面向

　　小说《棋王》是阿城的代表作，初刊于《上海文学》1984 年第 7 期。

图 10-1　小说《棋王》发表于《上海文学》1984 年第 7 期

一

小说《棋王》发表后引发了较大的反响,先后获得 1984 年福建《中篇小说选刊》评选的优秀作品奖和第三届(1984 年)全国优秀中篇小说奖。1999 年,《棋王》入选人民文学出版社百部文学经典。

阿城的小说《棋王》被视为 20 世纪 80 年代寻根文学的力作,而阿城本人也是彼时"文学寻根"的重要倡导者。这部小说讲的是一个关于下棋的故事,塑造了一个精于象棋、人称"棋呆子"的青年形象。小说的主人公王一生出身于一个贫寒的家庭,身体瘦弱,相貌平平,没有任何值得称赞的地方。一次偶然的机会,王一生喜欢上了象棋,从此沉迷于其中,不能自拔。后经一位身世神秘的老者的点拨,王一生对下棋之道有了独特的感悟,棋艺也臻于纯熟,过关斩将,引起人们的关注,也赢得了棋道中人的赞赏。小说对于王一生棋艺之路的叙述颇具传奇色彩,犹如讲述一代习武者如何通过历练而成为一代武林宗师一般,呈现了王一生的传奇经历,故事讲述得颇具吸引力。

这部小说的另一吸引人之处便是将王一生下棋的故事置于红卫兵运动和知青上山下乡这一历史背景下展开,这便使得故事本身颇具 20 世纪 80 年代回顾"昨日"、反思"昨日"的色彩。在阿城对王一生下棋故事的叙述中,轰轰烈烈的运动大潮成为一种具有反衬意味的背景。革命意志高昂的大串连运动,成为王一生以棋会友、切磋棋道的绝佳机会。锣鼓喧天的知识青年上山下乡运动,又为王一生觅得了精神上自在自为的广袤空间。由此,瘦小而貌不惊人的中学生王一生具有了一种得以从大时代的滚滚洪流里抽身而出的"能力",那种自在自为的精神成为对狂热岁月的一种睿智而冷静的穿越与审视。

《棋王》呈现出的那种传统文化魅力,不仅在于对王一生经历的讲述,还在于对王一生性情性格、处世之道及生活观念的表现。小说中的王一生贪棋、恋棋,为了得到一张棋谱,他费尽心思、绞尽脑汁,除此之外,他却别无所恋,于物质上需求很少,于名利方面更是淡然到极点。王一生喜欢吃,却不贪吃,食能果腹于他而言即是最大的满足。他于食物的"贪恋"缘于以摆脱饥饿为目的的生存之需,以致他在饥肠辘辘之时偶获"食物"便有了几分感恩天地馈赠的"虔诚"。王一生的生存理念是大道至简,超然物外,因此才有了精神的充盈与自足,而这也正是阿城想要传递的文化寻根的指归所在。

二

关于小说《棋王》的问世过程,作家李陀曾在一篇文章中谈道:"记得在 1983 年底,或是 1984 年初(我记不清准确日子了)的一天晚上,一些朋友凑在我家吃涮羊肉,其中有陈建功、郑万隆和阿城。照例,餐中阿城要给大家讲故事……虽然我们一再催促阿城,可他

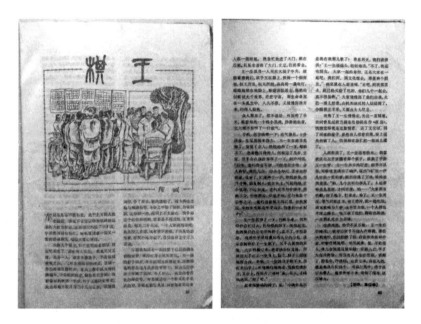

图 10-2　小说《棋王》初刊文

照例不慌不忙地低头猛吃猛喝,用一片喷香的咀嚼声压住大家的急切之声,偶尔冒出一句:'吃,先吃!'这样差不多吃了近一个小时,阿城才抬起大汗淋漓的头,掏出那支总是不离身的大烟斗,慢慢地装烟、点烟,又吸了两口,然后慢悠悠地说:'好,今天我讲个下棋的故事。'……听完了故事之后,陈建功、郑万隆和我都一致催促阿城把它写成小说。……大家七嘴八舌地劝说阿城,乱成一团。特别当阿城冷静地从闪着微光的玻璃镜片后边抛出一句'这成吗?这弄得成一篇小说吗?'的疑问时,劝说就变成了责骂,甚至恐吓,铜火还冒着热气的餐桌上就乱得不能再乱了……"①

  据资料所载,阿城这次与朋友聚餐闲聊中所讲的下棋的故事,是发生在当年一位云南知青身上的故事。这个知青名叫何连生,他正是小说中主人公王一生形象的原型。何连生于1986年晋升为"国家象棋大师"。有一次,何连生在接受媒体采访时曾谈及,当年他在云南景洪当知青时,阿城曾到他所在的农场玩过几次,也听他讲过一些关于下棋的故事。所以,1988年电影《棋王》拍摄时,导演还特地邀请何连生担任剧组的象棋指导。当年刊发《棋王》的《上海文学》的编辑蔡翔在谈及小说的发表过程时回忆道:"我们编辑部在讨论这部作品时,觉得就题材来说,其时反映知青生活的小说已经很多。因此《棋王》的成功决不在题材上,而是其独特的叙事方式和深蕴其中的文化内涵(我们那时已对'文化'产生兴趣)。"②

  20世纪80年代中期《棋王》的问世有其多方面的文学及文化意义。正如学者所言:"我们已经产生了并且正在产生颂扬反抗外来民族侵略的文学,挖掘民族传统美德的文学,颂扬祖国山川自然的文学;也有过并有人继续经营揭露国民劣根性以引起疗救的注意的文学;有过盲目排外的文学,也有过中国的月亮不如外国的圆的文学。阿城的小说不是对国家民族价值某一方面的思考,而是

---

① 李陀:《1985》,见岳恒等主编:《中国前卫艺术》,牛津大学出版社(香港)1993年版,第14—15页。
② 蔡翔:《有关"杭州会议"的前后》,《当代作家评论》2000年第6期。

对中华民族整体价值,亦即作为整体的民族价值人民价值的沉思。这里出现的是负载着历史的重担却奋然向前、向上的几个普通人的精神和性格,却代表了我们民族的灵魂。"①小说《棋王》的文化书写,使得新时期的文学写作有了新的方向,即从一味地创作叙事中走了出来,也给经历了激荡生活的人们以一个可以让精神沉静下来的去处。这便是对民族传统文化的回归,也是小说之于 20 世纪 80 年代的文化意义所在。

① 李星:《大山的沟回——读阿城的〈棋王〉〈孩子王〉〈树王〉》,《小说评论》1985 年第 6 期。

第十一章 《塔铺》:高考恢复与 20 世纪 80 年代文学中的高考叙述

　　短篇小说《塔铺》是刘震云的成名作,初刊于《人民文学》1987年第 7 期。

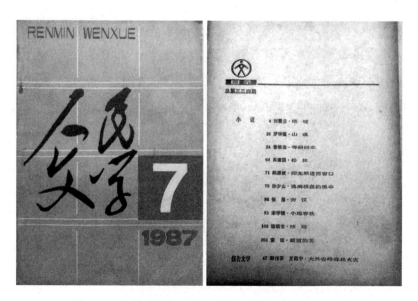

图 11-1　小说《塔铺》发表于《人民文学》1987 年第 7 期

一

　　小说《塔铺》聚焦于 1978 年一个乡镇里的高考复习班,这个复习班是学校专门为社会上的大龄青年考大学办的。他们中间有复员回乡的军人,有已成家务农的知青。但不管是何种身份和处境,高考的恢复令他们聚集于这个简陋的复习班,并想通过高考改变自己的命运,但低录取率注定了绝大多数的人是无望的。刘震云在小说中把那种注定无望却又充满不甘心的奋力一搏的心理和处境表现得淋漓尽致。"七拼八凑而来的一群人,1978 年的乡村经济依然是艰辛的,这些向命运一搏的人就靠着从家里带来的冷窝窝头和买来的咸菜来填饱肚子,偶尔花五分钱买一碗白菜汤已算是改善生活。教室、宿舍四面透风,一天到晚,冷得没个存身的地方。不巧又下了一场雪,雪后结冰,天气更冷,夜里睡觉,半夜常常被冻醒。我们宿舍四人,只好将被子合成两床,两人钻一个被窝,分两头睡,叫'打老腾'。"①吃与住的艰辛和简陋令人心酸,唯有考上大学才能彻底改变这种生活的困境。可以说,1978 年的这个乡镇高考复习班成为刚刚从政治与经济困境中走出来的底层大众对未来渺茫人生的期待,带着昨日的千疮百孔和对明天生活的渴盼。它同时也折射出民众对生活的热切期待与社会发展空间相对有限之间的矛盾。所以那种千军万马挤独木桥的表达,正是对这一落差

---

① 刘震云:《塔铺》,作家出版社 1989 年版,第 12 页。

的形象概括。

1977 年高考的恢复不仅是高等院校招生工作的一次大调整，它在当时的历史氛围下还具有预示整个社会发生重大转型和调整的信号意义，同时也标志政治出身对个体发展起决定性影响作用的时代已成为过去，凭借能力寻求个人生存发展的可能性正重新回到社会中。所以，高考的恢复是社会活力的重新激活，给处于社会转型期的中国民众以巨大的心理安慰与精神激励。正因为如此，高考叙事成为 20 世纪 80 年代以来中国文学中一个重要的存在。它或作为一个表现社会现实生活的重要题材被直接书写，或作为一种叙事元素在组织情节、展现人物命运等方面产生作用。围绕高考以及与之相关联的大学生活的叙事有其丰富的文学内涵，它既与新时期以来的文学思潮相连，也与 20 世纪 80 年代以来的时代精神特质高度契合。

中华人民共和国成立后，1950 年教育部颁发了《关于高等学校一九五〇年度暑期招考新生的规定》，明确各大行政区分别在适当地点定期实行全部或部分高等学校联合或统一招生。1952 年中国效仿苏联，取消了私立大学，全部改为公立，并进行了一次大规模的院系调整。同年，教育部颁发《关于全国高等学校一九五二年暑期招考新生的规定》，要求所有高等学校实行统一招生考试，这可以说是中国高校第一次高考。"中国在 1952 年建立高考制度，在世界各国中最早主要采用统一考试成绩来录取高校新生，是世界高校招生考试史上的一个重大创造。"①而到了 1966 年,高考被取消,高等教育一度停摆。1972 年至 1976 年,恢复招生的高等学校基本上采用"自愿报名,群众推荐,领导批准,学校复审"的办法进行招生,这就是所谓的工农兵大学生的来源。1977 年,再次恢复职务的邓小平主持中央教育工作。是年 8 月 4 日至 8 日,邓小平在北京召开了科学和教育工作座谈会,并在会上针对高等教育发表了讲话,果断地恢复了高考制度。1977 年 10 月 12 日,国务院批转了教育部的《关于 1977 年高等学校招生工作的意见》,明确了报考人员的条件,即"(1)上山下乡和回乡知识青年、应届高中毕业生都可以报名。(2)具有高中毕业的文化程度才可以报名,而且必须通过大学入学考试。(3)政治审查主要看本人表现,破除'唯成分论'。(4)德智体全面考核,择优录取。"②10 月 21 日,新华社、《人民日报》、中央人民广播电台等新闻媒体,都以头号新闻发布了恢复高考的消息。是年 12 月由各省市组织考试,高考就此恢复。高考的恢复对当时的中国社会来说,最重要的意义也许并不是高校大门对社会大众的敞开,更为重要的是公平公正的社会机制的重新确立。"虽然大多数人注定会是失败者,但对于我们这批人来说,考试结果并不是唯一,它甚至不是最重要的。在很多人心目中,考试

① 刘海峰:《高考改革的理论与历史》,华中师范大学出版社 2016 年版,第 201 页。
② 刘海峰:《高考改革的理论与历史》,华中师范大学出版社 2016 年版,第 216 页。

本身就已经是给予被遗忘十年的他们的补偿了,能得到这个参与公平竞争的机会已足以让他们对社会、对命运感激不尽。"①停摆十年后恢复的高考,一方面对整个社会起到了巨大的鼓舞作用,给无数人带来了改变命运的可能与渴望;另一方面,多年累积的生源以及高校招生数量的有限,注定了竞争的激烈,也注定了绝大多数人无法迈进高校的大门。而刘震云正是在高考恢复的第二年考入了北京大学中文系。

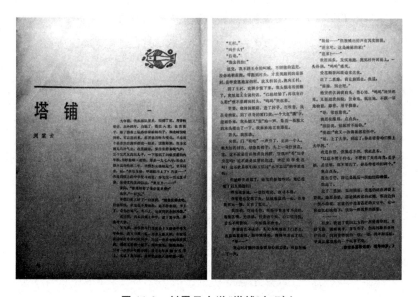

图 11-2 刘震云小说《塔铺》初刊文

二

如果说《塔铺》中有刘震云对置身社会大变革时代个人命运转

---

① 阎阳生:《两代人的高考故事》,《生活时报》2005 年 11 月 4 日,第 3 版。

机的深刻书写,那么在之后的作品中,刘震云进一步关注的是农村出身的学子,经过高考进到城里的大学学习以及大学毕业后在城市里成家立业的经历。这在小说《单位》与《一地鸡毛》里有着明显的表现。这些作品一方面记录了"小人物"与"生命不能承受之重",另一方面也对庸众身上所体现出的那种苟且偷生、随遇而安、得过且过的活命哲学给予了冷静的谛视与批判。正如他在《磨损与丧失》一文中写道的:"生活是严峻的,那严峻不是要你去上刀山下火海。上刀山下火海并不严峻,严峻的是那日复一日年复一年的生活琐事。"①小说《单位》则以冷静从容的笔调叙写了主人公小林触目惊心的"成长"过程。大学毕业的小林在初到单位时意气风发、个性鲜明,对于司空见惯的单位中的陈规与陋俗表现出了极大的蔑视和不满,所以当党小组长女老乔为了笼络小林而提醒他写一份入党申请书时,小林却不屑一顾地用"目前我对贵党不感兴趣"而一口回绝。等到小林结婚成家、老婆怀孕后,与他人共挤一个单元房的小林开始认识到了生活的切实需求和自己必须努力争得的具体目标。他清楚地认识到要取得这一切,首先就得让自己混出个样子,而混出个样子就得认认真真、主动积极地去遵守自己先前所憎恶、所嘲笑过的那些陈规、陋俗。在生活的重压面前,小林成熟了,务实了,这一切是多么令人心悸与震撼。而到了《一地鸡毛》里,小林的这种"务实"精神、切实的生活哲学更为丰富与完善了。如果说在《单位》中他还想着努力地

---

① 刘震云:《纠缠与被纠缠的》,《中篇小说选刊》1989 年第 3 期。

表现好，以求入党、提干而改善生存环境的话，那么到了这时，他连这些愿望也打消了，所有的欲求只是如何能让自己的那个小家庭温饱无虞。当小林只是公事公办为家乡办好了一个批件，却意外地得到家乡人赠送的微波炉时，小林已彻底地满足了。就着微波炉烤的半只鸡喝着啤酒的小林得意地对老婆说："其实世界上事情也简单，只要弄明白一个道理，按道理办事，生活就像流水，一天天过下去，也蛮舒服。舒服世界，环球同此凉热。"①满意的小林在睡梦中梦见自己睡觉，"上边盖着一堆鸡毛，下边铺着许多人掉下来的皮屑，柔软舒服，度年如日"。② "一地鸡毛"在这里显然已成为小林那零乱琐碎、毫无诗意的生活的象征，也是小林身上所体现出来的那种麻木的精神状态的象征。作家在冷漠平实的叙述中，揭示出普通小人物在琐碎和沉重的生活重压下意志与激情的磨损状况，深刻而令人心悸地写出当代人庸俗麻木、苟且偷生、随遇而安的生存状态。

三

20 世纪 80 年代，恢复高考对知青这个群体命运改变的影响可以说是最大的，甚至重新定义了他们的人生。据统计，从 20 世纪 50 年代到 70 年代末上山下乡的知识青年的总数在 1200 万至 1800 万之间。1977 年恢复的高考，引发了当时无数身处乡村的知青返

① 刘震云：《官人》，长江文艺出版社 1992 年版，第 144 页。
② 刘震云：《官人》，长江文艺出版社 1992 年版，第 144 页。

城的渴望。以云南知青为例,1977 年至 1978 年,云南全省参加高考的考生一共有 35 万人,其中"上山下乡"的知识青年就有 20 万人左右。[①] 当然,基于有限的录取率,通过高考而返城的知青注定是少数,而绝大多数是随着 1980 年新的知青政策的出台才得以返城。在 80 年代斐声文坛的知青作家中有一部分就是在 1977 年和 1978 年恢复高考之际考上大学的,如韩少功、王小波、王小鹰、周国平、肖复兴等,这种命运的转变也使得有关知青岁月、知青人生的叙述在他们那里有了别样的意味。肖复兴的中篇小说《学院墙内外》讲的正是老三届的故事。小说的主人公章明明和雷蒙是"文革"中的第一批红卫兵,后来一同来到了北大荒。在北大荒,雷蒙成为当地的风云人物,他担任七星河农场的副场长,掌管近万人口的生产生活和上千顷土地的耕种收割。而章明明却因谈恋爱犯了错,成了政治上有问题的落后分子,因此造成了章明明对雷蒙的怨恨。高考恢复后,章明明考上了北京的一所大学,而返城的雷蒙却成了这所大学院墙外一条胡同里扫大街的清洁工。一场高考,一个院墙内,一个院墙外,已是两种人生。院墙内,是天之骄子、高等数学、莎士比亚,是芭蕾舞《吉赛尔》,是爱情;院墙外,是清洁工,是空气污浊的小酒馆,是日复一日的街道清扫,是垃圾桶。考上的人,青春已得到补偿。所以章明明可以在回首知青岁月时以一种

---

① 教育部考试中心编:《难忘 1977:恢复高考的历史实录》,天津人民出版社 2007 年版,第 106－107 页。

告别昨天的口吻来讲述；而雷蒙则只能守护着昨天，守护着北大荒的信念和记忆，只有那里才有他可以获得安慰的青春记忆与人生的辉煌。可以看到，考上大学在这里不仅仅意味着命运轨迹的变化，对于经历政治风云的知青一代而言，还具有重组历史、重组人生的意义。而这也正是同为知青却对知青历史有着不同认知、不同叙述的缘由所在。

　　20 世纪 80 年代文学对于高考之于人生，之于个人命运的意义有着最为质朴的表达。与 90 年代以来的文学有所不同的是，80 年代文学中的高考叙事，有一种很纯粹的情怀充溢其中，甚至成为一种神圣的信仰。这种信仰传递的信息便是知识改变命运。考上大学在 80 年代不仅对于考生个人来说是一种莫大的荣誉，对其所在家庭乃至整个家族都是一种十分光彩的事情。这种思想意识使得 80 年代在某些价值观上与五四时期有所不同。虽然当代文学史中一再强调两个时代思想诉求的一致性，把五四新文学精神的复归视作 80 年代文学的一种价值内涵，但就对读大学的家庭认同与社会认同这一点来看却有着十分明显的思想差异。在五四时期的文学作品中，外出求学或读大学的叙事往往包含着一个个体与家庭发生冲突的情节模式，读大学成为背叛父权、背叛家庭的一种表现，进而形成了外出读书的个体与父辈之间的紧张关系，甚至是相互对立。这种情况在萧红、丁玲、庐隐等作家个人的身世经历与她们所创作的那些相关题材的文学作品中都能得到直接的印证。与五四时期的文学不同的是，80 年代文学中述及外出求学或读大学时不再有五四文学中的那种冲突模式。相反,参加高考的考生成为家庭运转的重心与轴心。由汪浙成、温小钰所创作,发表于 1982 年第 1 期《小说界》的短篇小说《苦夏》描述的正是这一情形。小说讲的是沈金一老师家有三个孩子,大女儿考大学,大儿子考高中,小女儿考初中。三场考试,三大战役,使得整个家庭在这个夏天成了战场。在这三场战役中,作为父母的沈老师夫妇既是指挥官,又是后勤人员,既要做心理调节师,还得做侦察兵,负责收集与考试有关的各种情报。小说写出了一个家庭在面对升学考试时紧张而忙碌的生活状态,所有的一切都围绕着孩子的考学而运转。之所以如此,是因为面临的现实:"孩子们考不上重点初中就难于考上重点高中,考不上重点高中更难于考上大学,考不上大学就没有职业保障。"①可以说,小说虽写的是一个家庭,却是对整个社会现象的折射,生动而形象地揭示出考学如何成为当下许多家庭运转生活的第一要义,其中又包含着最为现实的利益纠葛。正如作品中谈及沈老师即将参加高考的女儿时所言:"如果佳佳这次金榜题名,考取大学,那将减轻老沈一家多少精神负担:不必为孩子就业问题发愁,也不会因为家里有个无所事事的成年女儿引出许多意想不到的麻烦。考取的是一个人,得益的却是全家。"②

---

① 汪浙成、温小钰:《汪浙成、温小钰小说选》,内蒙古人民出版社 1985 年版,第 281 页。
② 汪浙成、温小钰:《汪浙成、温小钰小说选》,内蒙古人民出版社 1985 年版,第 291—292 页。

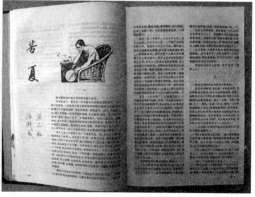

图 11-3 小说《苦夏》发表于《小说界》1982 年第 1 期

《苦夏》创作于 1982 年,这是恢复高考的第五个年头。到这时,高考已不仅是缓解民族心理创伤的安慰剂,更成为关乎每个家庭生活前景的重要因素。小说中所展现的那种全家围绕着考生转的社会现象在此后随着时间的推移而愈演愈烈,不仅是考大学,从幼小衔接到小升初,中考直至考研,都成为整个社会关注的焦点,也成为所涉家庭焦虑的所在。优质教育资源的有限性,就业压力和职场竞争的加大,阶层的分化,均使这种焦虑不断地扩大。从 20 世纪 80 年代"知识改变命运"的信仰到今天的"不能输在起跑线上"的竞争理念,其中学而成才的渴望并没有改变,但恢复高考时的那种激动人心已不复存在,唯有化不开的全民考学焦虑正愈聚愈浓。

第十二章 《顽主》:20 世纪 80 年代文学中的自嘲与反讽

  《顽主》是王朔创作的中篇小说,初刊于《收获》1987 年第 6 期。1988 年导演米家山将《顽主》改编为同名电影搬上银幕。

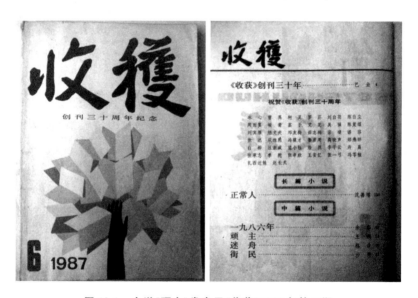

图 12-1　小说《顽主》发表于《收获》1987 年第 6 期

一

王朔,1958年生于南京市,1976年毕业于北京市第四十四中学,后进入中国人民解放军海军北海舰队任卫生员。1980年退伍回京,进入北京医药公司药品批发商店任业务员,1983年辞职靠写作为生。王朔于1978年开始从事文学创作,短篇小说《等待》发表于当年《解放军文艺》第11期,1984年在《当代》上发表中篇小说《空中小姐》,此后陆续发表《浮出海面》《一半是火焰一半是海水》《橡皮人》《顽主》等作品。1988年,米家山执导的《顽主》、黄建新执导的《轮回》以及叶大鹰执导的《大喘气》这三部电影均改编自王朔的作品,这一年因此被中国影视界称为"王朔电影年"。1989年至1992年,王朔创作了《一点正经没有》《玩的就是心跳》《千万别把我当人》《我是你爸爸》《永失我爱》《动物凶猛》《许爷》《过把瘾就死》等中长篇小说。1992年,华艺出版社出版的四卷一套的《王朔文集》,掀起了一股在世作家出文集的潮流。20世纪90年代,他的小说被大量翻拍成电视剧、电影,如电视剧《过把瘾》、电影《阳光灿烂的日子》等。他还参与了众多著名影视作品的编剧和策划,包括《渴望》《北京人在纽约》《编辑部的故事》《海马歌舞厅》《我爱我家》《顽主》《甲方乙方》《一声叹息》《我爱你》《梦想照进现实》《非诚勿扰2》等。王朔小说的意义是多方面的,他的作品引发了一股躲避崇高、消解神圣、抗拒权威的思想潮流,同时其作品也形成了对当

代庸俗世相与虚伪说教的生动反讽。他所创作的众多小说为当代
文坛贡献了一系列卓尔不群、特立独行、玩世不恭的"顽主"形象,
这同时也形成了对传统精英知识分子话语的彻底颠覆。王朔赢得
读者的喜爱、引起社会轰动,最关键、最本质的原因就在于他准确
地抓住了这个时代的特征,及时地发现了这个社会中正在蔓延的
一种"普遍精神"。20 世纪 80 年代中后期是中国传统价值观念受
到强烈冲击的时代,人们站在精神废墟上显得无所适从。恰恰在
这个精神断层时期,王朔出现了。他及时地抓住了这一心态,用不
加修饰、天马行空的笔调涂画出一代人迷茫、困顿的精神状态,并
塑造了一批典型的、反映这种精神状貌的"顽主"形象。王朔的作
品满足了人们阅读上的渴望与期待,为人们的精神迷茫提供了一
种补偿。王朔以其无拘无束、任意调侃的笔调掀起了一股热潮。
王朔小说的畅销与那个时期印着"别理我,烦着呢"等等字样的文
化衫的流行有着一样的文化内涵,他的成功在于填充了当时人们
精神上无所依靠的空子。正当人们在纷乱芜杂、无所适从的精神废
墟上茫然四顾时,王朔的作品为人们提供了一种解脱困境的方式,这
便是"玩世"。"正如豁达宽厚有时是一种风度一样,玩世不恭、冷漠、
慵懒、困倦等有时也会成为一种风度。当理想破灭和现实困顿使众
多的人们感到无路可走时,没落的情绪会像流感一样漫延开来。于
是,玩世不恭之类的风度就有可能上升为一种时代风尚。"①玩世成

---

① 张晓平:《杂谈王朔、方方等人的小说》,《文学自由谈》1990 年第 2 期。

为王朔为人们在这种特定的心态下安排的一种特有的行为方式,
或者说解脱之法。当一个人无法面对自己已有的道德观念、价值
观念时,那么能够使自己再体会到满怀信心的方法,除了阿Q的精
神胜利法,便只有将一切看得一钱不值。在嘲讽、冷待身边一切的
同时,自身的优越感也便突显了出来。王朔用他的笔抓住了这一
正在成为时尚的玩世风度,以调侃、诙谐的笔调勾勒出他的顽主形
象,轰动也便自然而然地产生了。当然,除了时代情绪的原因之
外,王朔小说独特的艺术风格亦是促成其轰动的所在。调侃、幽
默、嘲讽又带有一丝启悟性的小说语言,使他的作品具有了一种雅
俗共赏的阅读效果。王朔的轰动来自他的"玩世",玩世为人们在
无所适从的精神困顿中找到了一条出路。在颓废、迷茫、空虚中如
何活得更潇洒一点、个性更分明一点,人们从王朔的小说中找到了
可以参照的行为方式,"王朔小说的社会认识意义远远超越了他小
说本身的价值。他提供了一种新的社会视角和一种最新的社会
心态"①。

　　王朔的叛逆体现在他大胆地挑战传统的伦理道德观念与价值
体系,以一种自称"无知者无畏"的姿态来摒弃传统观念的种种束
缚与重压,从而获得一种做人的自由与解脱。由此,王朔通过他的
作品传递给读者的是一种全新的生活观念与方式,给予了人们一
条化解重负的途径。王朔的小说被世人所接受所喜爱,也来自王

---

① 　雷达:《论王朔现象》,《作家》1989年第3期。

朔小说本身所拥有的那一份真诚与洒脱。中华人民共和国成立以来的文学作品，大多比较重视自身的教化功能，作家也在竭力扮演着精神导师的角色。无休止的说教，无形间拉开了读者与文本之间的距离，也给人一种阅读的疲惫感。王朔的作品则大多具有一种消解的意味，他完全回到了市民群体之中，"我是流氓我怕谁"是王朔的特有自白，这无形间让读者对作家有了新的体认与感受，产生了一种因真诚而来的亲切感。读者阅读王朔的作品感受到的不再是老生常谈的说教，而是一种完全放松的娱乐与消遣。正如作家王蒙在谈到王朔的小说时所说的："多几个王朔也许能少几个高喊着'捍卫江青同志'去杀人与被杀的红卫兵。王朔的玩世言论尤其是对红卫兵精神与样板戏精神的反动。陈建功早已提出'不要装孙子'（其实是装爸爸），王安忆也早已在创作中回避开价值判断的难题。然后王朔自然也是应运而生。他撕破了一些伪崇高的假面。而且他的语言鲜活上口，绝对地大白话，绝对地没有洋八股、党八股与书生气。他的思想感情相当平民化，既不杨子荣也不座山雕，他与他的读者完全拉平，他不但不在读者面前升华，毋宁说，他见了读者有意识地弯下腰或屈腿下蹲，一副与'下层'的人贴得近近的样子。读他的作品你觉得轻松地如同吸一口香烟或者玩一圈麻将牌，没有营养，不十分符合卫生的原则与上级的号召，谈不上感动……但也多少地满足了一下自己的个人兴趣，甚至多少尝到了一下触犯规范与调皮的快乐,不再活得那么傻,那么累。"①

王朔的小说获得如此的成功也可以说是作家的有意为之,是在文学活动商业化过程中的一种结果。王朔是一位"个体"作家,是靠码字来糊口度日的,所以他在写作时特别注意去迎合读者的阅读口味,要想方设法地使自己的作品能够吸引读者,这也可以说是王朔小说受人喜爱的一个原因。当然,这也离不开王朔自身的机智与聪明,他知道人们期待什么,需要什么,喜欢什么。王朔天生不安分,不喜欢按部就班的生活,在20世纪80年代第一个经商热潮到来时,他便辞去公职下海经商,做过家电生意,开过饭馆,却一无所获。带着早些年曾涉足文坛的勇气,王朔转向了写作。王朔曾回忆自己和在东方歌舞团当舞蹈演员的妻子沈旭佳当时拮据的生活情景:"我经商完全失败了,有段时间我们很拮据,北京有的饭馆是吃完结账,每次在这种饭馆吃饭我总是提心吊胆,生怕吃多了钱不够当众尴尬。舞蹈演员挣不了多少钱。'东方'是最好的,跳一场也只挣五元钱。舞蹈演员又必须吃强化食品,一月工资奖金大都吃掉了。后来,我们连快餐店也不敢进了。沈旭佳是个马大哈,什么东西都丢,那年冬天,在北京展览馆剧场后台洗澡,皮衣、手表都让人抱走了,从摊上买了件旧的大衣穿上,脸灰灰的像个受气包。我则穿着她练功穿的绒衣和破军大衣满处晃。两个人都没手表,上街看时间,就边走边回头去看行人甩摆的手腕。那

---

① 王蒙:《躲避崇高》,《读书》1993年第1期。

时,我真是一天只吃一顿饭,每天猫在家里写稿子,希望全寄托在这儿上了。"①王朔为了谋求生存而写作,当然与那些挣工资的作家有一种全然不同的心态。他必须关注市场,关注读者,努力寻找自己创作与读者的契合点。正如王朔所说:"虽然我经商没有成功,但经商的经历给我留下了一个经验,使我养成一种商人的眼光,我知道了什么好卖。当时我选了《空中小姐》,我可以不写这篇,但这个题目,空中小姐这个职业,在读者在编辑眼里都有一种神秘感。而且写女孩子的东西是很讨巧的。果不其然,我不认识《当代》的编辑,稿子寄过去不久就找我谈。我要是写一个老农民,也许就是另外的结果了。……我的小说有些是冲着某些读者去的。《空中小姐》《浮出海面》还没有做到有意识这样,他们吸引的是纯情的少男少女。《顽主》这一类就冲与我趣味一样的城市青年去了,男的为主。后来又写了《永失我爱》《过把瘾就死》,这是奔着大一大二女生去的。《玩的就是心跳》是给文学修养高的人看的。《我是你爸爸》是给对国家忧心忡忡的知识分子写的。《动物凶猛》是给同龄人写的。"②王朔率真而聪明,且他又有着一定的商业头脑与眼光,在文坛一经露面便引人注目,也是理所当然的了。

---

① 王朔等:《我是王朔》,国际文化出版公司 1992 年版,第 24—25 页。
② 王朔等:《我是王朔》,国际文化出版公司 1992 年版,第 55 页。

二

　　早在1978年,王朔就在《解放军文艺》上发表了自己的处女作——短篇小说《等待》,之后于1982年和1984年又发表《海鸥的故事》和《长长的鱼线》两部短篇小说。但这三部作品不论从哪方面来看都与王朔后来引起世人关注的作品没有内在的联系,只能说明王朔在早年便有创作的积累与艺术上的准备和实践,所以批评界一般不把王朔这一时期的作品纳入其创作研究的范畴。王朔正式步入文坛是从1984年在《当代》上发表中篇小说《空中小姐》开始的,到1986年他相继发表了《浮出海面》《一半是火焰,一半是海水》两部中篇小说。这一阶段的作品用两个字来概括就是"言情"。王朔小说诙谐幽默、嘲讽调侃的语言风格,洒脱不羁、玩世不恭的人物性格,在这一阶段已见雏形,这为他后来创作风格的形成奠定了基础。三篇小说都是以第一人称来写的,并以爱情故事作为主要表现的内容,《浮出海面》可以看作他这一时期的代表作。从总体上来看,这一阶段王朔在作品中较多地表现出温情的一面,与此后的作品比较起来,创作比较严肃,写作中投入的感情也比较深。语言上有调侃的味道,但较为节制。小说中的主人公虽有玩世不恭的一面,但更多地表现为洒脱,在感情上也还是比较真挚的。

　　20世纪80年代中后期王朔的主要作品有《橡皮人》《顽主》《一

点正经没有》《玩的就是心跳》《千万别把我当人》等。从题材的选择上来看,这一时期的作品已抛开了初期的爱情故事,转向描写现代大都市青年人我行我素、天马行空的生活,表现他们空虚、无聊、玩世不恭的生活态度。王朔笔下特有的"顽主"形象就是在这一时期确立的。早期作品中的那些温情的东西在这里已消失殆尽,调侃成为这一阶段的叙述基调。以《橡皮人》为开端,到《顽主》臻于完善,长篇小说《千万别把我当人》可以说将调侃推到了登峰造极的地步。从人物形象的塑造来看,王朔强化了早期作品中主人公所流露出的那种玩世不恭的个性特点,力求展现当代青年人躁动不安而又迷茫、空虚的心态,这是一群被社会遗弃而又不甘忍受孤独,从而以调侃和嘲讽来慰藉自己的现代都市的"精神流浪者"。人们称王朔小说是"痞子文学""流氓文学",正是由他在这一时期的作品所得来的印象。《顽主》可以看作他这一时期的代表作。"顽主"形象的塑造,调侃风格的确立,是这一时期王朔小说创作最大的收获,并由此形成了他自己独特的小说风格。但这一阶段的小说,从情节发展、故事结构的完美性上来说显得有些零散,过度的调侃冲淡了小说的整体艺术性。长篇小说《千万别把我当人》显得尤为突出,王朔自己似乎也有所觉察,在此后的创作中便做出了明显的调整。

图 12-2 王朔小说《顽主》初刊文

进入 20 世纪 90 年代,王朔相继发表了《给我顶住》《我是你爸爸》《动物凶猛》《过把瘾就死》等作品。另外还有两部他参与编剧的电视剧:《编辑部的故事》和《爱你没商量》。从选材上来看,王朔在这一时期的创作中开始关注一些生活中的实际问题。先前那种一味调侃、玩世不恭的风格有所收敛。可以说他是抓住在第二阶段所挖掘出的现代人的精神特质,进而展现了在这种精神特质下所存在的一系列的社会问题。长篇小说《我是你爸爸》,通过对马林生、马锐父子间荒唐而又令人心悸的矛盾冲突的描写,引发了人们对现代生活中子女教育及两代人之间代沟问题的沉思。中篇小说《无人喝彩》和《过把瘾就死》则通过对男女主人公间悲欢离合的爱情故事及家庭纠葛的叙述,揭示了现代都市的人们家庭生活中潜在的危机。对社会问题的关注与思考,使王朔这一时期的作品变得深沉起来。从他参与创作的两部电视剧剧本《编辑部的故事》《爱你没商量》来看,我们也会发现,虽然作品有着较为浓重的调侃味道,但是在嬉笑之余却能把人们引向对一些生活中不易察觉的问题的思考。

王朔的小说有其独特的艺术风格,尤其是其流畅鲜活的京味语言为其小说增色不少。调侃与反讽是王朔小说的最大特点,这种风格在王朔步入文坛之初便已成形。王朔笔下的"顽主"们以嘲讽的态度排斥着传统文化,一方面显示出自己洒脱不羁的个性,另一方面王朔也以此种方式颠覆了我们传统观念当中某些陈陋的东西。正如王朔自己所说:"以我之偏见,中国社会最可恶处在于伪善。而伪善风气的养成,根子在知识分子。中国历代统治者大都是流氓、武夫和外国人。他们无不利用知识分子驭民治国,刚巧中国的和尚不理俗务,世道人心、精神关怀又皆赖知识分子的议论裁决,这就造成知识分子权大无边身兼二职:既是神甫又是官员。绝对的权力导致绝对的腐败。信仰与利益,超凡成圣和过日子往上爬,再伟大的知识分子也难以自处二者兼得或割舍其一,于是伪善便成了普遍的选择。"①

王朔以其大胆的反讽,冲击着人们久已成形的文化观念,同时

---

① 　王朔:《无知者无畏》,春风文艺出版社 2000 年版,第 80 页。

又以其机智、幽默的调侃语言,解构着在知识分子霸权话语时代形成的价值观。"王朔在他的小说创作中,以一种颠覆传统的姿态,用反讽的语言叙写故事、刻画人物,使他的小说在调侃戏谑中充满了对于某些禁锢人们思想传统的不满与否定。在他小说的嬉笑怒骂中呈现出作家对于社会某些不合理之处的针砭,在他所刻画的顽主形象身上,也表达了作家对于现实生活的理性思考,不过这种思考是以别一种方式予以表现的。"①不过也有批评家从人文精神的高度审视王朔小说的不足。如王晓明等在发表于 1993 年第 6 期《上海文学》上的《旷野上的废墟——文学和人文精神的危机》一文中所指出的:"王朔作品的调侃,冲淡了生存的严肃性和严酷性,取消了生命的批判意识。而王朔的调侃姿态,既迎合了大众的看客心理又给了他们宣泄怨愤的快感,大众对王朔的接受也表明了阅读审美能力的衰退。"②王朔自己在玩文学,在玩弄语言的亵渎与嘲笑中获得一种自慰式的快感,人文精神在玩文学的快感中丧失了。

三

"顽主"是王朔小说给 20 世纪 80 年代文学带来的独特形象,但要说"顽主"是王朔的首创也不尽其然。80 年代初,陈建功在他的

---

① 王铁仙、杨剑龙、方克强等:《新时期文学二十年》,上海教育出版社 2001
年版,第 242 页。
② 王晓明、张宏、徐麟等:《旷野上的废墟——文学和人文精神的危机》,《上
海文学》1993 年第 6 期。

小说《鬈毛》中就刻画了这样一个玩世不恭、洒脱不羁的主人公。同样是大都市无所事事、游手好闲的青年，同样是满口调侃味道的京味语言，几乎是王朔后来小说中人物的原版。可是陈建功没有沿着这条路走下去，昙花一现之后便杳无踪迹。继此之后刘索拉的《你别无选择》《寻找歌王》，徐星的《无主题变奏》，同样展现了一代青年人的困惑、迷茫与躁动不安。文学已开始关注这一特定历史时期所涌现的一种特殊的社会心态，但大多数作家都是浅尝辄止，而只有王朔以他特有的风格，成功地抓住了在这种心态下所造就的"顽主"们，并将这一形象确立、完善，深入地开掘下去。

"顽主"，首先在于一个"玩（顽）"字。玩的目的就是要活得轻松、自由、随心所欲一点。我们之所以感到活得很累，是因为我们背负了太多的东西在行走，有那么多的传统道德、社会规范需要去担负、遵守，为人处世常常需要遮遮掩掩、欲说还休。在习以为常的生活中，我们不知不觉地被包裹了起来，以至于有时有一种迷失了自己的感觉。而"顽主"们则抛开了这一切红尘的困扰，他们以叛逆的姿态傲然地面对一切传统的道德文化与社会规范。他们只追求自我，以彻底的背叛来换取全新的自由。王朔笔下的"顽主"们大多是一些没有职业的青年，这为他们自由自在地展现自我提供了某种可能。小说《顽主》中的于观、杨重、马青，《浮出海面》中的石岜，以及《橡皮人》中的"我"，无一不是无业游民。他们站在社会的边缘，以嘲讽的目光打量着这个处在变革中的社会光怪陆离的景象。他们都极力地回避一切因袭的束缚，对传统文化、传统道德抱着极尽嘲讽、蔑视的态度。

王朔笔下的"顽主"们大多活得轻松自在、不拘一格,他们在讽世的同时,也赤裸裸地敞开自我,不伪饰、不做作;在撕下世俗虚伪面纱的同时,也袒露了自己的真诚。正如小说《浮出海面》中于晶对石岜所说:"那我说我喜欢你是因为和你在一起可以不谈人生大道理,我感到轻松。"①同样在《一点儿正经没有》中,当方言被大学生拉到大会主席台上,大谈自己玩文学的主张后说:"我他妈的当然真诚,我要不真诚我早跟你们谈理想了。"②处在精神断层的一代青年,把传统的理想、崇高、神圣的东西淡化甚至笑料化了。他们拒绝天真、淳朴,取而代之的是玩世不恭和我行我素。在背叛了因袭的传统的重担之后,他们寻找着最大限度的自由,展现出自己最大的真诚,从而以此来寻回自我。"顽主"们正是一批执着的个性解放的追求者。在商品经济大潮的冲击下,人们只有找到适合自己生存的那种特定性,才能使自己唤醒自由与平等。"顽主"们对个性的追求是残酷的,可以说是一种自毁自灭的方式来换取着属于自己的个性。他们一方面嘲弄社会、他人,另一方面也毫不留情地嘲讽自己。这种个性的张扬与展现,恰恰弥补了现代人精神追求上的空缺。

"顽主"们尽管玩得轰轰烈烈,但在他们洒脱、玩世的外表下,

① 王朔:《浮出海面》,《王朔文集》(上册),华艺出版社2010年版,第141页。
② 王朔:《一点儿正经没有》,《王朔文集》(下册),华艺出版社2010年版,第125页。

却常常流露出一丝无法掩盖的迷惘、空虚与无所适从。在小说《一半是火焰,一半是海水》中,当张明从狱中出来回到家中,想象起吴迪自杀的情景,他感到的是一种无法忍受的孤独与恐惧,握着警察的手瑟瑟地说:"我怕,我怕。"玩也掩盖不了他们内心深处的孤独感,当隐隐唤回的真情再度失去时,"顽主"们亦有一种无法承受的痛苦。王朔许多小说中的女主人公都具有一种清纯、可爱的性格特点,如王眉(《空中小姐》)、于晶(《浮出海面》)、吴迪(《一半是火焰,一半是海水》)、张璐(《橡皮人》)等。她们在作品中的出现,为"顽主"们在坦坦荡荡、潇潇洒洒之余又增添了一丝牵挂。她们所具有的纯情,正是这些"顽主"在滑向社会底层的同时,渴望拯救自己灵魂的唯一希望。但是在他们破坏、摧毁了一切道德规范的同时,也丧失了拥有真情的可能。正因为如此,王朔作品中男女主人公的爱情故事也常常只能以悲剧告终。"顽主"是王朔提供给当代文学人物画廊里的一个独特形象,他们的生活方式、精神状态展现了在特定历史时期人们的一种特殊的文化心态。王朔笔下"痞子"式的"顽主"形象,与中华人民共和国成立后近三十年文学创作中文学形象英雄化的倾向相比,正好走向了反面,这恰恰形象地展现了新时期以来作家文学观念的变化。

对于 20 世纪 80 年代的文学而言,王朔的《顽主》是反讽与自嘲的开始,在这种看似玩世不恭的言行的背后,有着对过往高度同质化生活的消解与反抗。同时,当王朔更多将视线聚焦于生活在京城大院里的子弟时,这种反讽与自嘲折射出过往那种依靠家庭出身所获得的优势开始受到商品经济大潮与知识掌握命运理念的双重冲击。所以我们也便能在王朔的"顽主"系列作品中处处看到这些昔日大院子弟对那些所谓的"暴发户"与"文化人"的极尽嘲弄和讽刺,而这也成为这些京城大院子弟最后的荣光。

第十三章 《迷舟》：20 世纪 80 年代新历史小说的叙事迷津

格非的小说《迷舟》初刊于《收获》1987 年第 6 期，这篇小说被视为 20 世纪 80 年代新历史小说的代表作。

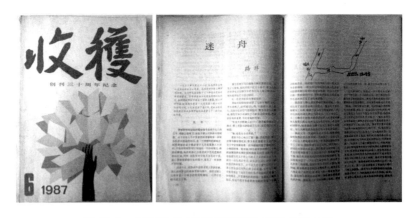

图 13-1 小说《迷舟》发表于《收获》1987 年第 6 期

一

格非是 20 世纪 80 年代中期崛起于文坛的先锋小说派的代表作家，在另一种有关文学思潮的表述中，他也被视为新历史小说的重要成员,其代表作小说《迷舟》发表于《收获》1987 年第 6 期。小说讲述的故事发生在北伐战争时期。1928 年北伐军先头部队攻占了兰江与涟水交接处的重镇榆关,孙传芳在临口大量集结部队的同时,急调所属 32 旅旅长萧率部驻守涟水下游的棋山要塞。萧所驻扎的河对岸正是自己的家乡——小河村,而攻占榆关的北伐军正是自己哥哥所带的部队。战争在即,萧却被一种难以名状的情绪所困扰,接到父亲的死讯后,萧带着警卫员潜回家乡小河村。在父亲的葬仪上萧遇到了自己的初恋情人杏。杏的出现点燃了萧内心的情欲之火,也使他暂时忘记了眼前的这场战争。萧与杏的偷情被杏的丈夫三顺发觉,三顺残忍地惩罚了杏之后将其送回娘家榆关。本应回部的萧得知这一消息后只身去榆关看望杏,但他的榆关之行被视为投敌之举,在母亲惊愕的目光中,萧丧命于奉上级之令暗中监视他行为动向的警卫员的枪口之下。

　　细读小说《迷舟》会发现,不论是在情节结构上还是在人物角色的设置上与 20 世纪 30 年代施蛰存的一篇名为《将军底头》的小说极为相像,而这种关联性恰恰可以让我们重新审视百年来新文学发展过程中现代主义小说思潮的承接关系。小说《将军底头》发表于《小说月报》1930 年第 21 卷第 10 号,作者施蛰存是 20 世纪 30 年代新感觉派的代表作家。他有意识地运用弗洛伊德的精神分析学进行小说创作,侧重于表现人物的潜意识以及多重人格的内在冲突,作品具有十分强烈的现代主义色彩,可以说是 20 世纪 30 年代心理分析小说的杰出代表。施蛰存的心理分析小说主要收入

《将军底头》《梅雨之夕》《善女人的行品》三本集子中。他最初运用精神分析学创作的小说多是一些历史题材的作品,产生较大影响的有《将军底头》《石秀》《鸠摩罗什》《阿褴公主》《李师师》等。《将军底头》这篇小说讲述的是唐代成都名将花惊定奉朝廷之命率领部下到险峻的大雪山下去征伐屡次寇边的吐蕃军队。花惊定本是吐蕃来唐的武士后裔,以骁勇善战闻名,但这次出征却从一开始便使他陷入军人使命与民族感情的冲突中。唐军部属贪婪卑鄙的抢掠行径让他深感失望和愤慨,这更令他怀念本民族吐蕃武士的正直勇武,他甚至萌生了投奔吐蕃、反戈击唐的念头。但来到边境小镇后,花惊定将军却深深地陷入了对一名大唐少女的爱恋之中。性爱的欲望、何去何从的战争选择在他的心中纠缠。带着这种暧昧思绪困扰的花惊定将军被动地卷入了战争,两军激战中花惊定被吐蕃将领砍下了首级,但他依然策马而行,来到了所恋少女所在的溪边,在少女的讥讽逗笑中,轰然坠地。

二

对照格非的《迷舟》与施蛰存的《将军底头》可以发现,两篇小说都属于有关战争的历史题材作品,讲述的都是一个军人丧命的过程。细读之下可以看出,这两篇小说实际上有着一个相同的情节结构模式:作品中的主人公都是肩负作战使命的将领,他们都与作战方存在着一定的私人关系。《将军底头》中的主帅花惊定是作战方的后裔,征伐的是自己故国的军队;而《迷舟》中萧旅长面对的则是自己哥哥的部队。这种关系的存在引发了主人公内心的矛盾冲突,花惊定陷入了战争使命与种族感情的冲突之中,而《迷舟》中的萧旅长则是面对战争与亲情的冲突。这种冲突的存在成为推动情节向前发展、左右主人公命运的内驱力,同时也是两部作品表达的重心所在。这种面对战争的矛盾心理,为他们后来将战争抛诸脑后而深陷个人情感提供了可能。故事情节发展的转折点是爱情在两位主帅身上发生,这也是主人公命运的转折点。《将军底头》中花惊定在边境小镇爱上一名大唐少女,《迷舟》中萧旅长在家乡与初恋情人杏重逢。这便使得整个故事情节的矛盾冲突由此前的身为将帅的职责使命与种族、亲情的冲突,转变为所处战争局势与个人感情生活的矛盾冲突。一场爱情故事在不该发生的时刻、不该发生的地方、不该发生的人身上发生了,悲剧的结局也便笼上了一层宿命的色彩。

　　《将军底头》与《迷舟》不仅有一个相同的情节结构模式,而且在角色设置以及人物内在的关系上也有诸多的统一。《将军底头》中的主要人物有花惊定、大唐少女、少女的哥哥、花惊定属下的一名骑兵。《迷舟》中涉及的主要人物也有四位:萧、杏、杏的丈夫三顺、萧的警卫员。从人物角色上来看,两篇小说的主人公萧和花惊定都是将领身份,而且都出身于行伍之家。花惊定的祖父是吐蕃的一位武士,而萧的父亲则是小刀会的成员。他们有着相同的使命:赴前线阻击敌人。他们面临着相同的两难困境:一个面对的是本民族的军队,一个面对的是亲兄弟的队伍。这使他们对眼前的这场战争显得犹豫不决。大敌当前,两位主帅可以说都犯了兵家之大忌。他们都在战场上迷失于个人的情感生活,最后也都因这不合时宜的爱情而走上了不归路。两部作品中的主人公虽处于不同的时代,花惊定生活于唐代,萧生活于民国,但两个人的身份、职责、遭遇、结局却完全一致,在两个故事中,他们走过的也是一段完全相同的人生轨迹。在花惊定和萧各自的爱情故事中,他们也都处在极为相似的人物关系网中。《将军底头》中的花惊定面对的是一对兄妹,而《迷舟》中的萧面对的则是一对夫妻,但这一人物关系的差别,对于主人公的感情处境来说并没有什么本质上的不同。

《将军底头》中大唐少女的哥哥是边境小镇上的一位孔武威严的勇士,他右手握长矛,左手持号角,守护在妹妹的身边。在这一组人物关系中,他扮演着妹妹的监护人的角色,保护妹妹不受他人的侵犯。而对于花惊定而言,大唐少女的哥哥是他获得自己心之所爱的现实阻碍。所以在两军对垒中,当花惊定看到大唐少女的哥哥在战斗中身亡时,作品这样描写花惊定当时的心理:"将军兜上了心事,不想恋战了,将军尽让他的骏马驮着他向山岗上奔去。将军想起了那个少女,现在哥哥死了,她不是孤独了吗?谁要来保护她呢?她不是除了哥哥之外,家中并没有别的人了吗?将军这样想着,便好像已经看见了这个孤苦无依的少女,在他的怀抱之中受着保护。将军心中倒对于这个武士的战死,引为幸运了。这时的花惊定将军完全是自私的,他忘记了从前的武勇的名誉,忘记了自己的纪律,甚至忘记了现在是正在战争。"①大唐少女哥哥的死使花惊定意识到爱情路途上屏障的消失,他距离自己的心爱近了,却不料死神也相伴而至。他忘记了自己正置身于战争之中,正是这一疏忽使他被敌将砍去了头颅。

在《迷舟》中,杏的丈夫三顺是村子里的一名兽医,他精通医术又剽悍有力,力能掀翻一头黄牛。与《将军底头》一样,在这组人物关系中,三顺是妻子杏感情生活的监护人,也可以说是萧爱欲达成的障碍。萧趁三顺外出捕鱼时与杏偷情,被三顺发现后,三顺将对自己不贞的女人阉了后送回娘家。萧决意只身前往榆关探望杏,在河边渡口与意欲报复萧的三顺相遇。三顺被萧的痴情所感染,放弃了杀死萧的机会,使萧得以成行。这时对萧来说他获得爱情的现实阻碍也已消除,但也正是这次榆关之行,使他步入了地狱之门。可以看出,在这场战地的爱情故事中,花惊定与萧、大唐少女与杏、大唐少女的哥哥与杏的丈夫三顺存在着互为对应的关系,三者之间的角色关系也都处于同一种人物冲突模式中。

最后,我们再来看一下《将军底头》中的一个无名骑兵与《迷舟》中萧的警卫员这两个角色。施蛰存在《将军底头》中描写了一名花惊定手下的骑兵。他之所以跟着花惊定去征战,是因为花惊定部队常常获胜,而自己便可以趁机奸淫掳掠。当花惊定的部

---

① 施蛰存:《施蛰存名作——薄暮的舞女》,中国华侨出版社 1997 年版,第 124 页。

队驻扎在边境小镇之后,这名骑兵贪恋大唐少女的美色而持刀胁迫对方,被少女的哥哥发觉后捉拿到花惊定的面前。花惊定为了严肃军纪,下令处死了这名骑兵,而自己却暗自喜欢上了美貌的大唐少女。违纪的骑兵虽已被斩首,但花惊定却总感觉对方的一双眼睛在窥视着自己的内心。因为在花惊定的意识深处,可以说有着与手下的那名骑兵一样的欲念,而他只是因身份所限没有表现出来而已。所以当花惊定看到被处死的骑兵那挂在树枝上的头颅时,作品这样写道:"将军心里微微地震动了一次,他看见那个骑兵的首级正在发着嘲讽似的狞笑。这样的笑,将军是从来没有看见过,而且永远不会忘记了的。"①

相比之下,《迷舟》中萧的警卫员这个形象较为模糊,也较为单薄。在萧眼看来,这是一个愚钝而不谙世事的年轻人,只因多年的战争使自己周围的一些熟悉的面孔相继离去,一直跟随在身边的警卫员便也成了他在纷飞战火中唯一的伙伴。但就是这个看似胆小、笨拙、忠实的警卫员,最后却成为结束萧生命的行刑人。原来警卫员奉师长之命暗中监视萧的动向,因攻陷榆关的是萧的哥哥的部队,所以一旦有人向对方传递情报,整个作战计划就将全盘落空。所以师长指令,如果萧去榆关,务必就地枪决。

作者对于《将军底头》中的骑兵与《迷舟》中的警卫员尽管在细

---

① 施蛰存:《施蛰存名作——薄暮的舞女》,中国华侨出版社 1997 年版,第 112 页。

节描写上有诸多不同,但从他们与主人公花惊定和萧的关系上来看,则有着同样的角色内涵,即都是各自主人的监视者。《将军底头》中的骑兵虽被砍了头,但他那嘲讽似的狞笑却成为花惊定将军挥不去的记忆,这记忆时时逼视着花惊定的灵魂,成为审视花惊定内心世界的又一双眼睛。而《迷舟》中的警卫员这一角色功能体现得更为直接,他暗奉的使命使他在故事中原本扮演的就是一名监视者的角色。从叙事功能上来看,他们都承担着从外在的视角来观照中心人物行动和内心活动的作用。

三

《将军底头》与《迷舟》都是历史题材小说,在叙述特定的历史事件时,两部作品都将身处历史事件中心位置的人的心理动机与潜意识活动推到了历史的正面,展露在聚光灯之下。这两部小说在对人物的内心世界进行开掘时,都明显地受到弗洛伊德精神分析学的影响,在事件的发展进程中,力比多成为左右人物行动、改变人物命运的一个重要因素。

深入开掘人物丰富复杂的内心世界是两篇小说叙事的重心,主人公花惊定与萧在两个不同的故事情景中走过的是一段相同的心路历程。他们虽然都身为主帅而且战事在身,但都有一种与职责相冲突的多愁善感的性格特点。面对战事,作为主帅本应气定神宁、运筹帷幄,但花惊定与萧却都陷入一种无法排遣的迷茫中。

为了突出人物纷乱无绪的心理状态,两部作品都不约而同地把故事放在了一个阴雨绵绵的天气里。《将军底头》前半部重点描写的是花惊定在奉命征伐吐蕃族的途中内心里对于种族问题的思索和冲突,是"替大唐尽忠而努力杀退祖国的乡人",还是"奉着祖父的灵魂,来归还到祖国底大野底怀抱里",这两种思想在他的心头激烈地对抗着、冲突着,难以取舍,作家对花惊定因军人使命与民族感情的矛盾而激起的内心波澜进行了充分的描写。相比较而言,小说《迷舟》中对造成萧心神不宁的心理因素展现得并不充分,作家似乎更注重对整体氛围的营造以及对萧的外在神态状貌的描写。可以想到,当萧即将率部与自己哥哥的部队打响战斗,战火即将在自己美丽而和平的乡土上点燃时,萧的内心一定充满着种种矛盾与犹疑。但作品对这一丰富复杂的内宇宙世界更多的是隐而不叙,将想象的空间留给了读者。抛开细节不论,我们可以感知到,两位主帅在大战来临之际,思绪却渐渐地远离了战场,这为他们后来不顾个人的使命与职责而陷入个人的感情天地做了必要的心理铺垫。两篇小说的后半部分都转向对主人公感情遭遇的描写,迷茫的心理被情欲填充之后,理性便悄然引退,主人公花惊定与萧的行为完全被潜意识深处的本能欲望所支配。《将军底头》的结尾处被敌将砍去头颅的花惊定依然骑马来到少女身边,作品于奇伟怪丽的描写中,突现了力比多强大的支配力量。同样,《迷舟》中萧也迷失在熊熊的情欲之火中,正是在潜意识深处的爱欲力量的驱动下,他擅离职守深入敌区去探望情人。可以说,这两篇小说都是以战争为依托,以身处战争情境下的人为焦点,深入探索人性这一永恒的话题。就作品所开掘的深度而言,《迷舟》不及《将军底头》。小说《将军底头》中交织着军人职责、民族感情、战争与爱情等多重冲突,并对这种冲突进行了充分的展现,从而形成了极大的文本内张力,也使有关人性的思考达到了一定的厚度与深度。虽然小说《迷舟》也具备了开掘人性和人物心理深度的种种要素,但作家更多是把这些因素作为营造氛围、制造悬念、埋下伏笔等叙事方面的技巧来使用,这使得作品空有阅读的愉悦,而无思想回旋的余地。这一现象也是 20 世纪 80 年代后期崛起的新历史小说共有的一种缺陷。正如洪子诚所指出的:"'先锋小说'总体上是以形式和叙事技巧为主要目的的倾向,在后来其局限性日见显露,而不可避免地走向形式的疲惫。"①

　　进一步来看,《将军底头》与《迷舟》这两篇小说在讲述历史的方式上也体现出共同的审美走向。他们一反传统现实主义对于历史的宏大叙事方法,不再将历史看作是受社会发展规律支配的社会进程,也不再试图为历史梳理出一根因果相连的发展链条,而是切入到构成历史事件的主体的精神深处、人性深处去感知历史之实,"在对'历史与人'这一总题旨的诗意领悟中,把目光从传统的理性原则转向长期被忽视或遗忘的人的非理性方面,不断返回到

---

① 洪子诚:《中国当代文学史》,北京大学出版社 1999 年版,第 339 页。

个人经验与人性之根,揭示出历史极具意味的一面"①。花惊定与萧不再是某一历史事件中无声的组成部分,而是成为解开历史隐秘的关键点,成为言说历史的主体。文本所呈现出的历史叙述方式包含着的是有关历史认知的问题。历史本身是无法再现的,所以历史只能存在于讲述之中,它只能是一种认识的结果、理解的结果。传统的历史叙事中注重的是对历史本质的揭示、历史发展规律的把握,但这种历史认识方式在后现代主义的历史观念里受到了全面的质疑。

《将军底头》和《迷舟》这两部作品反映出的正是这样一种历史观。它们力图揭示被传统正史叙事所遮蔽了的人的内心隐秘,而对于个体的人来说,这被遮蔽的部分才是他最为真实的存在,也是历史存在中最为丰富复杂、最具魅力的所在。如果不是进入人物的心灵深处进行开掘,这两篇小说呈现给人们的将是两个十分空洞的故事框架。被隐匿在历史深处、随个体的人的消亡而不复存在的历史秘密借助于文学的诗性想象与表达被重新呈现,这也是文学创作的魅力所在。"文学能够为逝去的历史留下活生生的心灵化石,文学文本密码可以揭示那曾逝去的自我塑造型遭到敞开或压抑的历史,文学符号系统可以'复活'那些业已逝去的人们所

---

① 张冬梅:《消解与构建——论新历史小说的话语意义》,《沈阳师范学院学报》(社会科学版)2001 年第 2 期。

经历过的一切，并使当代人产生心灵的'共鸣'。"①

《迷舟》是当代新历史小说创作中出现的一篇十分醒目的作品，而新历史小说业已成为当前学术界在描述新时期小说开创性成就的一个重要的文本依据。但我们将 20 世纪 30 年代施蛰存创作的《将军底头》《石秀》《鸠摩罗什》等历史题材作品与格非的《迷舟》《大年》，苏童的《妻妾成群》《红粉》，余华的《古典爱情》《鲜血梅花》，等等新历史小说放在一起比较时，其美学特征、人性表达以及历史认识观等方面的一致性是不言而喻的。20 世纪 80 年代中后期的新历史小说置身于后新时期的语境当中，文体变革的集体趋势以及对中华人民共和国成立后革命历史题材小说话语规范的突破，使它获得了更多的超文本的文学史意义。

---

① 刘俐俐：《隐秘的历史河流——当前文学创作与批评中的历史观问题考察》，天津人民出版社 2002 年版，第 10 页。

第十四章 《烦恼人生》:20 世纪 80 年代文学中的凡俗人生

中篇小说《烦恼人生》是池莉的代表作,也是 20 世纪 80 年代新写实小说的力作,初刊于《上海文学》1987 年第 8 期。曾获全国优秀中篇小说奖和《小说月报》第三届百花奖。

图 14-1 小说《烦恼人生》发表于《上海文学》1987 年第 8 期

池莉是新写实小说的代表作家。1987 年她以中篇小说《烦恼人生》开创了新写实小说创作潮流。其主要作品有《烦恼人生》《不谈爱情》《太阳出世》《冷也好热也好活着就好》《你是一条河》《预谋杀人》《午夜起舞》《生活秀》《怀念声名狼藉的日子》《来来往往》等。池莉无疑是当代文坛极具平民化色彩的作家，她的作品为读者描绘出了一幅幅五彩斑斓的当代市民生活图画。

一

平民化是池莉小说最为显著的特征。在文学创作日益个性化、多元化的 20 世纪 90 年代文坛，池莉将自己的写作空间定位于平民生存这一领域，从而为新时期文学开创了一个新的文学天地。文学创作的平民化趋向，是 20 世纪 80 年代中期多元发展的文学潮流中最为醒目的特点，以池莉为代表的新写实小说作家注重于对平民大众生存百态的揭示，冷静客观地展现当代中国人的生存现状与精神困境成为新写实作家的叙事目标。在新时期以来的众多小说创作潮流当中，池莉以其鲜明的平民意识的表达而确立了自身作品的艺术个性。深入开掘池莉小说中的平民意识及其具体表现，对我们正确评价池莉小说的艺术得失以及把握时下文坛的创作趋向有积极的意义。

于平凡世俗的平民现实生活中体味其中所蕴含的人生真味，是池莉体现其平民生存关怀的一个重要的开掘方向。她以入乎其内的方式体验着当代平民的生存之实,并对他们的现实生活给予了热切的关注。池莉称自己就是市民社会的一员,所以她在描写笔下人物的生存状态时,常常采用一种入乎其内又设身处地的体验方式。作家对生活不伪饰、不拔高,如实地叙写着人生百态。在充满烦恼的人生中,池莉表达了对生活的热爱。中篇小说《烦恼人生》《不谈爱情》《太阳出世》构成了池莉描写当代平民生活的"人生三部曲"。作家将"家庭"作为透视人生的窗口,细致入微地展露了当代普通市民的生存之实。小说《不谈爱情》并不是要表现古典爱情在当代都市生活中的一去不返,而是通过对知识分子家庭出身的庄建非与小市民家庭出身的吉玲从冲突到和解的叙写,去触摸生活的真实。这种真实,并不意味着对理想抹杀,而是去体验人生的实在和欢乐。在《太阳出世》中,作家则让那个在自己婚礼上大打出手的"混蛋马大哈"赵胜天,通过对一个小生命的孕育、诞生和成长的描写过程,变成了一个充满爱心、好学上进的合格丈夫,生活的奔波与磨砺在这里具有一种积极的意义。池莉总是带着这样一种务实而充满希望的目光关注着她身边的平民生活。理想和信念并没有在她对生活毫无保留的铺叙中失去光彩,而是具有了一种坚实的生活基础。可以说,池莉的小说并没有消解理想,只不过赋予理想以新的本质和形态而已。

20 世纪 80 年代中后期诞生的池莉小说系列,则及时抓住当时中国人普遍的社会情绪和人民的生活状态、精神状态,密切关注中国社会各阶层小人物的琐碎生活。从《烦恼人生》对当代普通工人的家庭烦恼与工作劳累的叙写,到《来来往往》的现代都市人生百态的展现,当代国人的生活现状第一次在作家笔下得到了如此生动具体的表达。小说《烦恼人生》写的是一个普通的中国工人一天普普通通的生活。"早晨是从半夜开始的",小说起笔一句话便将主人公印家厚带入了又一天的烦恼而忧人的生活当中。排队洗脸,赶公共汽车,乘江轮,吃早点,送孩子入托,奔车间,接孩子,又乘江轮,又等到天黑睡下。小说按生活原状的时间流,记录了印家厚一天的生活全程。作家以冷峻、细腻的笔触描写主人公的微妙感受、独特体验、瞬间感悟。困扰芸芸众生的人生烦恼在这里得到了生动而形象的展现,每一个生活在当下社会中的中国人都能在其中找到自己那忙碌的身影。池莉小说的现实主义精神正是在这种真实的生活本相的揭示中,达到了一种认真而严谨的高度。

二

生存本位意识是池莉小说创作定位于民间立场的一个首要坐标。在池莉看来,"为生存"是人生的第一要义。正是从这一立场出发,她对庸常世俗的平民生活给予了最大限度的宽容与理解。为了生存,底层平民那种灰色苟且的生活哲学都有了其存在的合理性。印家厚在不堪重负的奔波之余,感叹生活如网似梦。

我们可以指责池莉的创作缺乏一种积极向上的人生价值取向,但不可否认的是,她所展示的恰恰是一种最根本的生存之实。

生存,这是每一个生活于世的人所无法回避的事实。池莉真切地领悟到了这一点,并把这一思想赤裸裸地表达了出来。在池莉小说的创作中,她首先注重的是对丰厚生活的叙写,注重写出本色的生活,并有意不让作品承担思想道德的教诲职责。池莉以一种平民的平视眼光和平常心态,关注和描写芸芸众生平平常常的生活,将他们对生活独特的感受和体验融入作品中,在对庸常人生的平实叙写中,表现出一种强烈的生存意识以及平民本位的价值取向。在池莉的小说中,她不是以悲悯的目光写出闰土的麻木与奴性,不再是以可憎、可笑、可怜的笔调叙写阿 Q 的精神胜利法,而是细致、生动地写出印家厚们精神现状形成的过程,在对这一过程的真实还原中,向读者展现这种精神状态与世俗思想形成的必然性。这便使作家对生活的审视与对平民生存的关怀有了更为坚实的基础。

池莉不仅以一种入乎其内的方式体验着当代平民的生活实感,而且还以同样的姿态走向了历史深处,在对历史生活的回叙中,池莉试图以同样的平民视角来为历史找到一个全新的认知方式与角度。她更为注重去陈述有关历史事件的民间记忆,在处理历史题材时,有意识地拒绝政治权力观念对历史的图解,尽可能地突现出民间历史的本来面目。《凝眸》《预谋杀人》《细腰》《青奴》等是池莉创作的几部具有一定代表性的历史题材小说。与平民意识相对应的是池莉在这类作品中所表现出的鲜明的民间立场倾向。在这些历史题材作品中,她没有赋予历史任何先验性的理性思考,而是以一种平视型的目光还原了历史的真实。

小说《预谋杀人》以抗战为主要的时代背景展开了叙述,其中也涉及一些重要的历史人物,如国民党一二八师师长王劲哉、时任鄂豫边区新四军路西指挥部指挥长陶铸、政委杨学诚等。但作家为我们所开掘的并不是一个关于民族解放战争的历史话题,而是在这一背景下讲述了一个个人复仇的故事。生活在沔水镇的王腊狗为了报家族衰落的深仇大恨,一意要置同门师兄丁宗望于死地,个人的狭隘目的成为讲述这段历史的焦点。作家没有显示出比王腊狗更高远的目光来反视历史,但正是在这样一种低视角的叙述中,我们体验到了历史的具体存在。历史不再是通常在史料上所看到的那些僵死的文字,而是和我们正在经历的生活一样,具有了一种鲜活的质感与魅力。池莉站在民间立场上讲述历史故事,体现了她意欲打破我们对历史传统认知的目的,同时也体现出作家对历史生活的一种深切的人文关怀。小说《你是一条河》描写的是女主人公辣辣在动荡不安的岁月里维系一家八口生计的艰辛过程。辣辣在三十岁时开始守寡,为了维系这个家的生计,她带领孩子们搓麻绳、剁莲子、捡猪毛。"文化大革命"开始后,工厂停产断了生计,她只好靠卖血养活全家,但更为不幸的是孩子们的厄运,福子夭折,社员因强奸罪被杀,艳春蒙受耻辱,得屋患上精神病,十六岁的贵子智障又孤僻,莫名其妙地怀孕了,冬儿下乡杳无音信,四清失踪。生活中的一切不幸都降临到辣辣身上,过度的操劳和极度贫血使她在五十五岁时就命归黄泉。在这部作品中,池莉完全站在现实生存的立场上去叙写主人公辣辣为了活着而做的一切努力,展现了辣辣身上那种顽强的生存意志和力量,同时也表现了她为了生存而对一切社会道德规范的蔑视。辣辣与粮店老李、血库老朱的偷情苟合,绝不是出于淫荡的本性而是为了生存。辣辣对社员的偷窃恶习虽然有所警诫,但毕竟默许了他对于解决生活急难所起的"帮衬"作用。辣辣的这种作为绝不是怂恿犯罪而是迫于生存的无奈。相反,她对王贤良迂阔的高论、冬儿浪漫的理想以及得屋漫无目的的折腾,都不屑一顾,因为在她看来,这一切无论有多么重大,毕竟都无关生存的要义。在这些人中,她唯一赞许过艳春保护"走资派"的"义举",那大半也是因为艳春最后成了这个"走资派"的儿媳,有了一个好的生活归宿。所有这一切,在人们心灵中激起的是一种复杂的阅读感受。你完全可以不赞成辣辣的这种人生态度和生存方式,但你不能不承认,在人们为取得最基本的生存权利和为满足最基本的生存需求所作的追求和奋斗中,辣辣的方式仍不失为生存选择的一种。而且在这种生存选择中,作为一个普通的劳动妇女,她那种生存搏斗的意志和力量,该令众生为之容动。辣辣毕竟不是大奸大恶,她是依靠自己和众多弱小的家庭成员的劳动谋取生存而不是依靠坑蒙拐骗、巧取豪夺。虽然当她行动的时候,为了生存,她可能蔑视道德和其他社会规范,但当她思想的时候,她还是对习俗和法规乃至冥冥中的天数心有所惧。辣辣依旧是一个典型的传统的中国劳动妇女。对于像她和她的孩子们一样的孤儿寡母,人们有什么理由指责她们把生存的价值看得高于一切呢？只是当我们思虑人性的健全和完美的时候，我们才会觉得冬儿的浪漫和理想是更高一个层次的生存选择，才会理解得屋的折腾和发疯是生存环境压抑的变态，才会在艳春的幻觉和盲动中发现对别样生活出乎本能的追求，才会把社员的犯罪、福子的惨死、贵子的受污乃至四清的出走，都看作是生存环境的罪过。在这一幕幕生存的戏剧面前，池莉提出的是一个价值选择的矛盾：活着，抑或放弃生活；生存，抑或为了其他。正如辣辣曾经在生与死之间做过痛苦的选择一样，而不仅是作品中的众生，我们也会经历一样的痛苦选择。池莉在写出生活的贫困恶劣时，也写出了人的倔强性——当然不是什么远大的理想支持辣辣在她倒霉的一生中充满信心，而仅仅是求生的本能，一种活下去的简单愿望。这个家庭的命运，显然无所保留地折射出那个年代中国普通民众的生存事实。从这里可以感受到，当作家立足于生存这一立场来解读生活时，传统现实主义作品所体现出的善恶分明的价值立场不复存在。作家以对充满无奈、充满复杂情感的民间生存状态的展现，不仅消解了以往现实主义作品中的理想、崇高以及强烈的政治中心意识，而且将读者对生活的价值判断引向了个人的天地、多元的空间。新写实主义的作家对生活的描写重在还原而不是评价，这在一定程度上使作家作为世俗文化批判角色的知识分子精神立场发生了位移，具有了某种平民代言人和民间叙事人的色彩。

小说《凝眸》是通过一名知识女青年柳真清的目光来展现革命战争年代党的艰苦斗争以及党内的路线斗争。在作品中，柳真清是带着对革命的向往与对理想的追求走上革命道路的,其中也充满了她对爱情的真挚渴望。与《青春之歌》中的林道静相比,她们同属于一代人,走过的是一条极为相似的人生追求道路,但二者却有着截然不同的归属。她们都展示了一种历史的真实,但池莉更为我们揭开了历史的另一层面纱。这种历史认知效果的取得,并不仅仅表现出池莉对政治意识的有意疏离,而更强烈地传达出池莉在重新审视历史时所持的民间立场。它让我们对历史有了一个全新的认知角度,也让我们在对历史的审视中有了更为积极的主观参与意识。

三

池莉的小说一方面渗透着强烈的平民意识,另一方面她还建构起了一个独具个人特色的话语体系。池莉强调对生存状态的逼真还原,力求形而下地展现平民生活的原生形态,她同时也为自己找到了一个符合自身审美取向的通俗化的艺术形式。如同赵树理以其特有的乡土气息而标异于同时代的作家一样,池莉则通过对一个大众话语体系的营造确立了自身的审美特质。"大众"在这里是对池莉小说平实、自然、通俗的艺术审美风格的一个涵盖,"话语体系"则是对池莉小说在语言、结构、叙述视角等艺术形式方面所形成的共同特征的一个指称,具体表现为世俗化的小说语言、平视型的叙述视角以及生活流式的叙事结构。

池莉小说的语言有着明显的口语化、世俗化倾向。她努力用
一种"还俗了"的语言来逼近生活的本真状态。池莉在《不谈爱情》
《太阳出世》《冷也好热也好活着就好》《你以为你是谁》等作品中，
以通俗自如的语言叙写夫妻争吵、纳凉聊天、打情骂俏等家长里
短，勾勒出一幅幅武汉市井风情图，使作品充满了一股温馨动人的
生活气息。可以说，她正是通过这种由日常口语展现出的日常平
凡生活体验，表达了回到个人日常生活的主张。另外，语言的口语
化、世俗化，也使读者在阅读中有了一种亲近之感，给人一种原汁
原味的生活情趣。

池莉的小说采用生活流的结构方式，她常常按照生活的自然
流程来展现其本真状貌。为了呈现生活的原生形态，新写实作家
有意回避对小说情节的精心营造与安排，而是依照生活的时间顺
序展开对故事的叙述。新写实作家格外注重所讲故事与生活时间
的对应，时间无疑在他们的创作观念中有着不同寻常的意义。不
论是"人生三部曲"《烦恼人生》《不谈爱情》《太阳出世》，还是《你是
一条河》《怀念声名狼藉的日子》，时间都成为池莉组织材料、描写
人物生活的一个重要准则。"早晨是从半夜开始的"（《烦恼人
生》），其生活流式的叙事结构，令新写实主义小说中的生活富有了
一种动感，使读者在平凡的日常生活中得到了某种人生的启迪。
在小说《太阳出世》中，池莉将女主人公李小兰从怀孕到生产的全
过程做了细致入微的描写。正是由于池莉对这一生育过程毫无保
留地进行记录，我们真切地感受到了养育一个生命的繁重与不易，

并对母性的伟大有了更为形象的体会。《你是一条河》如流水一般从辣辣丈夫去世一直写到辣辣自己死去,形象地记录了一户普通人家如河水流淌般的生活历程。这种生活流的叙事结构,给人一种强烈的生活动感,使读者能够清晰地感受到人生的沧桑变幻,生命便是在这样的流逝中体现了自己的意义。当然,生活流程的真实还原,也会让人们看到庸常纷扰的生活对人的不易觉察的消磨。

　　构成池莉小说大众话语体系的最后一个方面是其平视型的叙述视角。她在对生活进行观照时,多采用入乎其内的体验方式,她对生活的描写不拔高、不伪饰,努力按生活的本来面目本本分分、实实在在地去写。池莉放弃了传统作家以知识分子的目光俯视生活的方式,而是以一个生活在芸芸众生中的平民身份直接走入生活,用自己的心灵与作品中的人物一同感受着生活的烦扰与人生的沧桑。池莉正是带着这样的一种情感体验,全身心地投入本色生活的叙写中。在她以设身处地的方式感受平民的生存之实的同时,她也将自己对生活的生命体验与情感体验融入小说创作当中。池莉笔下那些小人物的劳累与奔波、烦恼与无奈,无不浸透着其个人的人生体验。平行、具象的生活视角,使池莉的小说在取材上努力向社会底层生活探寻。在池莉的作品中,所见的大多是一些庸常人生中零零碎碎的身边琐事:住房的拥挤、菜价的上涨、夫妻间的争吵、婆媳之间的鸡毛蒜皮,都是一些发生在你我家庭生活中的身边琐事。平视型的叙述视角使池莉在进入生活时不需要有意地去选择与思索,而是在看似信手拈来的小事中,发掘出生活的内蕴来。大众化的审美艺术形式为池莉表达自己的平民关怀之情提供了一个自由的艺术空间,它本身也以自己生活化、世俗化的艺术趋向而赋予新写实小说强烈的平民意识与民间意味。池莉在艺术创新上做出的种种努力,也正与她写生活、写生存的创作主张完美地结合在一起,共同显示了池莉小说张扬平民意识的艺术精神与美学倾向。

第十五章　《现实一种》:20 世纪 80 年代余华的人性审视

余华的小说《现实一种》初刊于《北京文学》1988 年第 1 期。

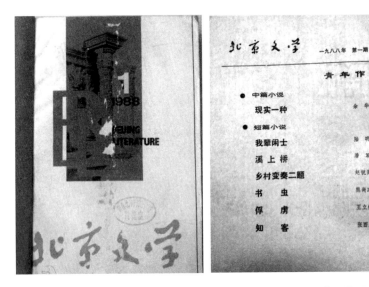

图 15-1　小说《现实一种》发表于《北京文学》1988 年第 1 期

一

中篇小说《现实一种》是余华展现人性残忍一面的代表作。山岗与山峰是兄弟俩,山岗的儿子皮皮不慎摔死了山峰的儿子,由此展开了一场仇杀。小说引人注目之处除了余华极为冷漠的叙述风格外,便是这一场循环仇杀中所体现的人之本性的冷酷与凶残。人的自私与野蛮的攻击性是产生这一系列杀人行为的心理基础。这是一个缺失向善人性的家庭,祖母只是想着自己如何活下去,而无视他人的生死,甚至对死在自己眼前的孙儿亦是视而不见。弟弟山峰的儿子死了,丝毫没有打破生活在同一屋宇下的哥哥山岗一家的生活节奏。正是在这样一种环境下,四岁的皮皮便产生了一种暴力的欲望与倾向。当他看到躺在摇篮里的堂弟时,便不由自主地拧哭了对方。

这哭声使他感到莫名的喜悦,他朝堂弟惊喜地看了一会,随后对准堂弟的脸打去了一个耳光。他看到父亲经常这样揍母亲。挨了一记耳光后堂弟突然窒息了起来,嘴巴无声地张了好一会,接着一种像是暴风将玻璃窗打开似的声音冲击而出。这声音嘹亮悦耳,使孩子异常激动。然而不久之后这哭声便跌落下去,因此他又给了他一个耳光。①

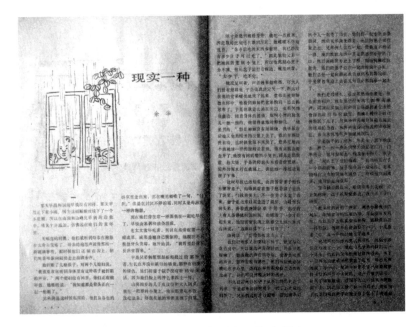

图 15-2　余华小说《现实一种》初刊文

余华显然无意于去表现儿童的懵懂无知,而是让人真切地感受到人类野蛮天性的存在及其代代相传的事实。正是在这种心理的支配下,暴力冲突一经发生,便会不可遏制地走向死亡。于是山峰拒不接受哥哥山岗的赔偿,一脚踢死了侄子皮皮。山岗在冷漠地看完了弟弟山峰的报复行为后,以更为残忍的方式让山峰狂笑而死。在这一系列的仇杀行为中,每个人都处在一种无理性的状

① 余华:《现实一种》,载《余华作品集·2》,中国社会科学出版社 1995 年版,第 5—6 页。

态中,只是想着置对方于死地而后快,而无丝毫的宽容与忍让之心。每一个人在实施自己复仇行动的过程当中,也一步步地走向麻木与疯狂,直至人性的彻底丧失。正如评论家曾镇南所说:"理智和文明失控后人性的恶在这篇小说中以非常冷静的笔调,绝对是毫不讳饰地揭露出来了。作者称之为'现实一种'。这'现实一种',首先表现为人性一种。如果我们不太顾忌触犯人类尊严的话,也可以说,这小说写的是人性中的兽性的一面,动物性的一面。它把人类的理智和文明牢牢压抑、控制、掩蔽着的茹毛饮血、弱肉强食的一面,在一种既是日常的又是非常的人类生活形态中揭露出来了。它越是写得瘆人,就越具有一种撕破人类尊严的可怕的力量。"①余华以他深刻而冷静的笔触向人们展示理性丧失后,邪恶人性的狰狞面目,从而去警告人们,不要放任自己的本能欲望,人要对最细微的邪恶产生之处加以警惕。

余华笔下的世界是阴冷的,他的作品充满了暴力、凶杀、死亡与血腥。对人性之恶的冷漠审视是余华多数作品中表现的重要内容。余华有意地去掉人类文明的掩饰,赤裸裸地展现人在本能欲望的支配下残忍本性的释放。

余华对于人性之恶的关注与热衷,除了受到同时期的创作潮流的启发与影响外,也许还与余华独特的童年经验有关。余华曾这样谈到自己对童年生活的记忆:"那时候,我一放学就是去医院,

---

① 曾镇南:《〈现实一种〉及其他》,《北京文学》1998年第2期。

在医院的各个角落游来荡去的，一直到吃饭。我对从手术室里出来的一桶一桶血肉模糊的东西已经习以为常了，我父亲当时给我最突出的印象，就是他从手术室里出来时的模样，他的胸前是斑斑的血迹，口罩挂在耳朵上，边走过来边脱下沾满鲜血的手术手套。我读小学四年级时，我们干脆搬到医院里住了，我家对面就是太平间，差不多隔几个晚上我就会听到凄惨的哭声。那几年里我听够了哭喊的声音，各种不同的哭声，男的、女的、老的、少的，我都听了不少。"①童年的经历与体验常常会进入作家的潜意识深处，影响着作家成年之后的世界观与创作观。余华童年时代的家庭环境与生活环境，无疑使他较早地感受到了生命的脆弱与死亡的威胁，也使他对现实生活中残酷、丑陋的一面有了独到的体验与认识。也许正因为如此，我们在余华的小说中才会感受到一股阴冷瘆人的气息。

余华对暴力的关注与痴迷来自他对人性本身的怀疑。余华坚信人性本恶，人在原始欲望的支配下，不可避免地要暴露出残忍的本性。"暴力因为其形式充满激情，它的力量源自人内心的渴望，所以它使我心醉神迷。让奴隶们互相残杀，奴隶主坐在一旁观看的情景已被现代文明驱逐到历史中去了。可是那种形式总让我感到是一出现代主义的悲剧。人类文明的递进，让我们明白了这种

————————

① 余华:《自传》,载《余华作品集 3》,中国社会科学出版社 1995 年版,第 384 页。

野蛮的行为是如何威胁着我们的生存。然而拳击运动取而代之，在这里我们可以看到文明对野蛮的悄悄让步。即便是南方的斗蟋蟀，也可以让我们意识到暴力是如何深入人心。在暴力和混乱面前，文明只是一个口号，秩序成为了装饰。"①社会规范、道德法则只是强加于人的外在束缚，而人一旦陷入非理性的状态，这一切都会显得不堪一击，罪恶便由此产生了。正如弗洛伊德所说的，人有着进攻本能与破坏本能，它与人类的文明进步相对抗。"文明时代是人类历史上崭新的阶段，它是对野蛮时代的否定，但是文明时代的到来，并不意味着野蛮行为的消失。"②本能是人的天性，它的存在注定人类不论处于怎样的文明时代，都无法避免野蛮行为的发生。小说《难逃劫数》中，东山与露珠在性欲的冲动下结合，最终又在这种冲动的支配下彼此残杀。广佛在东山的婚礼上无法忍受情欲的煎熬与彩蝶到屋外野合，在性的宣泄之后将在一旁窥看的小男孩残暴地虐杀而死。森林受沙子用剪刀铰女人发辫的启发，在街上用小刀去割女人的衣裤。作品中的每一个人都处在一种原始欲望的冲动之中，当这种欲望不可遏制地释放出来后，人也便一步步地走向了难以逃避的劫数——死亡。

　　余华以自己冷峻的目光审视着这世界野蛮、残忍的一面，他对

① 余华：《虚伪的作品》，载《余华作品集 2》，中国社会科学出版社 1995 年版，第 280 页。

② 西格蒙德·弗洛伊德：《文明及其缺憾》，傅雅芳、郝冬瑾译，安徽文艺出版社 1987 年版，第 10 页。

人性之恶的解剖是不带丝毫伪饰的。他的作品充满暴力、凶杀与血腥,但却并不是要满足人们阅读中的感官刺激,而是把它当作一面镜子,让人们以此观照自己的本性、正视自己的灵魂。余华以自己的作品来提醒人们要警惕人的原始欲望与冲动,任何不加克制的行为,都会打破我们看似平和的生存秩序。从这个意义上来说,余华的创作是超越现实的,他的作品更具有一种人本主义的意义。他的创作是指向人类生存之实的,他以自己锐利的目光,直视人类的痛处,以此来实现一位作家对人类灵魂的拯救。

二

余华的小说具有明显的先锋试验性,他所选择的不是传统现实主义小说的创作方法与审美原则,而是沿着 20 世纪 80 年代中期以来马原、洪峰、残雪、莫言等人所开创的现代派的路子进行创作的。余华的小说在叙事策略上有着与传统小说完全不同的明显的反叛性与颠覆性。他以极其个人化与个性化的写作经验,展现文学对生活、文学对人生、文学对世界多重解读的可能性。余华在小说叙事技巧与审美方式上的大胆突破与更新,可以说是新时期以来渐进发展、不断探索的小说创作的一个结果。

余华的小说无疑是极具先锋意义的,他在小说的叙事模式上进行了大胆的变革,颠覆了传统小说对生活的认知方式。他以极其个人化的写作,开拓出一个新的艺术审美世界。

余华小说的先锋意义,表现在他创作中所体现出来的一种新的文学审美观念。在余华看来,文学作品的意义不在于反映客观存在的现实,因为现实是不可靠的。作家的责任在于通过自己的艺术想象,动摇人们对存在世界的经验性感知,从而使人们摆脱对世界的常识性的认识。"当我发现以往那种就事论事的写作态度只能导致表面的真实以后,我就必须去寻找新的表达方式。寻找的结果使我不再忠诚所描绘事物的形态,我开始使用一种虚伪的形式。这种形式背离了现状世界提供给我的秩序和逻辑,然而却使我自由地接近了真实。"①在这样一种文学观念指引下,余华进入自己那个充分自由的艺术想象空间,从而呈现给我们的是一个充满迷幻、梦呓与种种不确定因素的神秘世界。

余华对日常生活经验的颠覆,先是从时间这一概念入手的。时间是人们观照自身存在,同时区别过去、现在与将来的一个重要准则。传统小说在叙事上十分重视按照时间的流程来安排情节,"开端—发展—高潮—结束"成为一种十分稳定的叙事模式。余华的小说则彻底地打破了对时间线性发展的依赖,而是以对时间的任意切割、组合来造成一种梦幻般的叙事效果。中篇小说《此文献给少女杨柳》讲述了"我"在一个名叫烟的小城的奇特经历,作者反复强调"我"所经历的故事的起点是 1988 年 5 月 8 日,并按照十分

---

① 余华:《虚伪的作品》,载《余华作品集 2》,中国社会科学出版社 1995 年版,第 277 页。

精确的日期记录着故事的发展过程,但这一切在"我"遇到一个外乡人之后变得不确定起来。

> 外乡人说:"十年前。"
>
> 外乡人这时的声音虽然依旧十分平稳,可我还是感觉到里面出现了某些变化。我感到桥下的水似乎换了一个方向流去了。外乡人的神态已经明确告诉我,他开始叙述另一桩事。
>
> 他继续说:"十年前,也就是一九八八年五月八日。"
>
> 我感到他犯了一个小小的错误,因为一九八八年五月八日还没有来到。于是我善意地纠正道:
>
> "是一九七八年。"
>
> "不。"外乡人摆了摆手,说,"是一九八八年。"他向我指明,"如果是一九七八年的话,那是二十年前了。"①

在这里,时间被作者人为地打乱了,它所带来的效果并不是一种叙事的混乱,而是引发我们对记忆的怀疑,对事件发生的不确定性的恐慌,由此形成了余华小说在情节的展开上扑朔迷离、神秘莫测的效果。

---

① 余华:《此文献给少女杨柳》,载《余华作品集 2》,中国社会科学出版社 1995 年版,第 90—91 页。

余华对传统小说时间概念的颠覆使他找到了一个可以自由讲述事件发展的叙事空间。在他的小说中，不同时态发生的事件不再具有时间存在上的独立意义，而常常表现为彼此之间的任意转换。中篇小说《偶然事件》讲述了先后发生在"峡谷"咖啡馆的两起杀人案件。第一起虚写，只有结果（咖啡馆里杀人场面的一瞬间）而无前因与过程的交代。第二起实写，一步步地讲述了由婚外情而引发的杀人案件的发生过程。两起看似毫无关联的案件在作者的讲述中有了某种内在的联系。素不相识的陈河与江飘无意间目睹了咖啡馆的凶杀案件，陈河偶然中发现江飘与自己的妻子私通，便秘密地以通信的方式与江飘探讨这起杀人案，最终同样的情景又一次在咖啡馆里发生。这样，小说的前一个案件成了对后一案件结局的暗示，由此便有了未发生的事件却早已在现实中存在的现象。余华的这种对世事人生的解读很具有海德格尔的存在主义哲学味道。海德格尔在阐释存在与时间的关系时指出，从时间状态来看，存在有三种形态，即曾在、此在、将在，而这三者是互为因果的。这也正如余华自己所说的："事实上我们真实拥有的只有现在，过去和将来只是现在的两种表现形式。我所有的创作都是针对现在成立的，虽然我叙述的所有事件都作为过去的状态出现，可是叙述进程只能在现在的层面上进行。从这个意义上说，一切回忆与预测都是现在的内容，因此现在的实际意义远比常识的理解要来得复杂。因为过去的经验和将来的事物同时存在于现在之中,所以现在往往是无法确定和变幻莫测的。"①余华对于现在意义的这种哲学化的理解,使他的作品具有一种宿命、神秘的色彩。也许正因为如此,在余华的作品中常常会出现一个未卜先知的人物,这个人物常常对他人的命运及事件的发展作出准确而神秘的预测。如《世事如烟》中的算命先生、《难逃劫数》中的老中医等,他们的存在为余华注释现在的丰富内涵提供了可能,也使其小说在情节的发展上变得更为扑朔迷离。

余华的小说在叙事风格上是独具特色的。与传统现实主义作品不同的是,余华为我们呈现的是一个情绪化、个性化了的亦真亦幻的艺术世界。余华对文学作品的虚构与真实之间的关系有着自己独到的认识:"我开始意识到生活是不真实的,生活事实上是真假杂乱和鱼目混珠。这样的认识是基于生活对于任何一个人都无法客观。生活只有脱离我们的意志独立存在时,它的真实才切实可信。而人的意志一旦投入生活,诚然生活中某些事实可以让人明白一些什么,但上当受骗的可能也同时呈现了。"②余华不再试图用文学作品去反映我们经验世界中的现实生活的状貌,而是努力用自己的作品去颠覆我们的经验认知,用艺术的虚构来展现生活的另一种真实。这种创作观念使余华的作品常常笼罩着一层迷幻

---

① 余华:《虚伪的作品》,载《余华作品集 2》,中国社会科学出版社 1995 年版,第 277 页。

② 余华:《虚伪的作品》,载《余华作品集 2》,中国社会科学出版社 1995 年版,第 278 页。

的色彩。余华的小说注重氛围的营造,他的许多作品都在一开始便将读者带到了一个悠远、阴冷的世界当中。

> 那天早晨和别的早晨没有两样,那天早晨正下着小雨。因为这雨断断续续下了一个多星期,所以山岗和山峰兄弟俩的印象中,晴天十分遥远,仿佛远在他们的童年里。(《现实一种》)

> 窗外滴着春天最初的眼泪,7 卧床不起已经几日了。他是在儿子五岁生日时病倒的,起先尚能走着去看中医,此后就只能由妻子搀扶,再此后便终日卧床。眼看着 7 一天比一天憔悴下去,作为妻子的心中出现了一张像白纸一样的脸,和五根像白色粉笔一样的手指。(《世事如烟》)

作品开篇的气氛笼罩着整部作品的人物及事件的进展,余华在虚构的场景中,勾勒出自己内心深处的真实世界,从而将个人化的感觉上升到对人的生存状态的寓言性阐释的层面。

余华为了更为纯粹地展现自己的虚构世界,他选择了一种十分冷漠、客观的叙事态度。他常常以一种冷眼旁观的方式来讲述笔下人物的命运,来展示世事的险恶与残酷。余华说:“我喜欢这样一种叙述态度,通俗的说法便是将别人的事告诉别人。而努力躲避另一种叙述态度，即将自己的事告诉别人。即便是我个人的事，一旦进入叙述我也将其转化为别人的事。我寻找的是无我的叙述方式，在这个意义上，我同意李劫强调的作家与作品之间有一个叙述者的存在。在叙述过程中，个人经验转换的最简便有效的方法就是，尽可能回避直接的表述，让阴沉的天空来展示阳光。"①这种冷漠的叙事文风，使人看到人生更为纯粹的一面。所以在《活着》中，他让福贵自己去平静地讲述自己的一生，平静地讲述一个个亲人的死。在《许三观卖血记》中，他津津有味地讲述着许三观卖血讨活的人生。正是这种冷漠，使余华在他的作品中能够不动声色地讲述种种令人发指的暴力行为，从而使其以不带主观色彩的原样暴露在人们面前。在《现实一种》中，山峰的侄子皮皮杀死了自己的儿子，山峰怀着仇恨的心理让皮皮去舔儿子流在地上的血。

> 皮皮趴在那里，望着这摊在阳光下亮晶晶的血，使他想起某一种鲜艳的果浆。他伸出舌头试探地舔了一下，于是一种崭新的滋味油然而生。接下去他就放心去舔了，他感到水泥上的血很粗糙，不一会舌头发麻了，随后舌尖上出现了几丝流动的血，这血使他觉得更可口，但他

---

① 余华：《虚伪的作品》，载《余华作品集 2》，中国社会科学出版社 1995 年版，第 100 页。

不知道那是他自己的血。①

余华的冷静叙述，使故事的残忍性充分地体现了出来，从而取得了一种心惊肉跳的阅读效果。冷漠使余华最大可能地贴近了生存的本真，也最大可能地展现出了生活的本真。在冷静的谛视中，余华有可能将暴力、残忍、死亡更为真实地展现出来。

三

余华对现实世界始终怀着一种警惕的心理。在他看来，人生活的世界是没有丝毫的安全保障的，而是充满了阴谋、险恶与欲望。在余华笔下，常常出现一个阴雨霏霏的南方小城；泥泞、潮湿的石板路、昏暗的灯光、厚厚的窗帘后窥视的眼睛，是余华小说中典型的生活场景。中篇小说《此文献给少女杨柳》中，看似讲述了一个有关当年国民党部队撤离时在小城烟埋下了十颗炸弹的故事，实则是对危机四伏的现实生存环境的隐喻。"炸弹"暗示着危险，无法确定的炸弹埋藏点，表明了这种危险是难以预料的。看似平和的生存环境，实则处处潜藏着致命的危机，余华由此表达了自己对人类现实生存境况的担忧。小说《河边的错误》叙述了一起发生在河边的连环凶杀案。住在老邮政弄的幺四婆婆在河边被杀

① 余华：《现实一种》，载《余华作品集2》，中国社会科学出版社1995年版，第17页。

害,身首异处,侦破的结果发现凶手是一个精神失常的疯子,法律的处罚条文对他无可奈何。于是疯子被送进了精神病院,但小镇却无法负担疯子的住院费,疯子又回来了,于是又一起凶案发生了。疯子的出现引起了人们极度的恐慌,一句谣言便令全镇人坐立不安,社会秩序面临着崩溃的危险,刑警队长马哲不顾触犯法律开枪杀死了这个法律无法惩罚的凶手。小说的意旨在于引起人们对社会秩序的重新审视,法律的建立在于制止罪恶的发生,保障人们的安全,但这并不是牢不可破的,随时都有意外在打破这种秩序,而人类的生存环境同样也时时面临着这样的威胁。正如余华所说:"人类文明为我们提供了一整套秩序,我们置身其中是否感到安全? 对安全的责问是怀疑的开始。人在文明秩序里的成长和生活是按照规定进行着的。秩序对人的规定显然是为了维护人的正常与安全,然而秩序是否牢不可破? 事实证明,庞大的秩序在意外面前总是束手无策。……秩序总是要遭受混乱的捉弄。因此我们置身文明秩序中的安全也就不再真实可信。"①同样在小说《四月三日事件》中,余华透过一个患有迫害狂之类病症的"他"来审视这世界及周围的生活,平常的生活便有了一种特殊的意义。小说中的"他"在十八岁的生日这天突然感觉到了一个阴谋在向自己逼近,父母、同学、街上的行人、商店的售货员似乎在共同设置一个陷

---

① 余华:《虚伪的作品》,载《余华作品集 2》,中国社会科学出版社 1995 年版,第 283 页。

阱,意欲要置自己于死地。父母的一次交谈中提到了"四月三日",在他听来便是实施阴谋的日子,于是在这一日即将来临的时刻,他逃走了。如果我们单纯地把这篇小说当作是对一个精神病患者的心理和行为的描写来读,那它将是一篇毫无现实意义的作品。如果我们用鲁迅《狂人日记》中的"狂人"来对照小说中的"他",又显然缺乏深刻的时代意义与文学意义。而作品的意义在于通过"他"的病态的眼光,发现了平静的生活背面所存在的种种可能的危机,"于是他吃惊地发现居然有那么多人在注意着他们。几乎所有在街上行走的人都让他感到不同寻常。尽管那种注意的方式各不相同,可他还是一眼看出他们内心的秘密"①。病态中的"他"的心理,未尝不是社会中普遍存在的一种心理。在生活中,人们都有一种窥视他人的欲望,每个人也总是怀疑自己在被他人所审视。人们总是十分在意自己在他人眼中的形象,于是无端地认为自己总是被打量的对象。敏感的人总是感到自己在被他人所关注、所议论,于是在细枝末节中揣测他的对自己的态度。这正是人与人之间产生隔膜、警惕、回避、伪饰的一种心理基础。余华正是通过"他"的心理,来让我们认识这个世界的另一种存在的可能。同时,通过一个患有迫害妄想症的病人去观照这世界,在看似平静的生活背后,会发现到处都存在着危险,在看似偶然的事件背后有着某种阴谋

---

① 余华:《四月三日事件》,载《余华作品集 2》,中国社会科学出版社 1995 年版,第 212 页。

的联系。正如余华自己所体会到的那样:"那个时期,当我每次行走在大街上,看着车辆和行人运动时,我都会突然感到这运动透视着不由自主。我感到眼前的一切都像是事先已经安排好,在某种隐藏的力量指使下展开其运动。所有的一切(行人、车辆、街道、房屋、树木),都仿佛是舞台上的道具,世界自身的规律左右着它们,如同事先已经确定了的剧情。这个思考让我意识到,现状世界出现的一切偶然因素,都有着必然的前提。"①平淡无奇的生活被余华讲述得惊心动魄,这既是余华小说的特有魅力,又体现了余华对生活的独特认知。

① 余华:《虚伪的作品》,载《余华作品集 2》,中国社会科学出版社 1995 年版,第 281 页。

后　记

　　这是我的"20 世纪 80 年代文学研究"系列的第三本书,已出版的两本分别是《叙述 80 年代——以文学研究为视角》(浙江工商大学出版社 2022 年 10 月出版)和《当代作家复出作研究》(光明日报出版社 2024 年 1 月出版)。这三部著作也是我为中国现当代文学专业的研究生开设的"20 世纪 80 年代文学研究"选修课的一个重要的学术依托,同时也可以作为课堂教学的参考用书。书中部分章节的内容曾以单篇论文的方式在学术期刊上发表。其中,本书第三章的部分内容曾以《亲情与政治隐痛纠结下的〈傅雷家书〉》和《划为右派后作家的收入及生活水平考——以丁玲、刘绍棠、傅雷、王蒙为研究个案》为题,分别刊发于《中国现代文学研究丛刊》(2017 年第 6 期)和《文艺争鸣》(2016 年第 8 期)。本书第九章的部分内容曾以《张贤亮右派小说的同情叙事模式及其政治隐喻》为题,刊发于《宁夏大学学报(人文社会科学版)》(2016 年第 5 期)。

　　20 世纪 80 年代是一个文学的年代。那时,一篇好的作品的发表,往往会在社会上引起非常大的反响,而文学期刊则是这些作品面世的第一现场,是读者接触到作品的第一媒介。因此,对于读者而言,最初刊发这些文学名作的刊物成为同样珍贵的文学记忆。本书在追踪、探析 20 世纪 80 年代文学名作初刊、初版史的过程中,将刊发作品的期刊作为重要的观察对象,通过对作品初刊样貌的呈现,来具象而直观地呈现文学发生的第一现场。书中采用图文结合的方式展开论述,也正是基于这样的认识与理念。全书选择了 15 部 20 世纪 80 年代的文学名作进行个案分析,所选作品依发表或出版的时间排序,从整体上形成了对 20 世纪 80 年代的覆盖。

这本书也包含着我个人关于少年时代成长的深刻记忆。我的父亲十分喜爱文学,他是 20 世纪 60 年代初的大学生,学的是中文专业。记得从 70 年代末开始,父亲便用自己有限的工资订了《人民文学》《小说月报》《收获》等文学刊物,每个月新刊一到,父亲便迫不及待地读了起来,读到好的作品,身边又无人可分享时,父亲便讲给孩子们听,《高山下的花环》《陈奂生上城》《美食家》……父亲很会讲故事,讲得栩栩如生。有些作品篇幅很长,父亲一边讲一边还得忙于家务,以至于我们常常紧追着忙碌的父亲问:"后来呢?""后来呢?"现在想来,那正是我文学启蒙的开始。

20 世纪 80 年代末我考上大学,所学专业正是汉语言文学。当年在中文系读书时,最喜欢的课程便是"中国当代文学"。当老师在讲台上谈及 80 年代的那些作品时,我常常怦然心动,因为这些作品是我少年时代成长的陪伴。后来进行学历深造,选的专业方向便是中国现当代文学;从教后,这也成为我教学与研究的领域。所以这本书对我来说,不只是一个研究成果,更包含我对父亲深深的怀念。是以此书献给我的父亲郭志刚。

郭剑敏

2024 年 11 月于杭州